Retour en Utopie
Benoit Quercy

Retour en Utopie

Ce livre est une suite au livre, "l'Utopie de Thomas More".

Il s'agit d'une discussion politique et philosophique, sur le passé, le présent et le futur de l'île d'Utopie, entre un philosophe utopien et le capitaine du navire sur lequel ils voyagent. Ce livre est une suite au livre, "l'Utopie de Thomas More"

©2022 Benoit Quercy
Édition : BoD – Books on Demand, info@bod.fr
Impression : BoD – Books on Demand,
In de Tarpen 42, Norderstedt (Allemagne)
Impression à la demande
ISBN : 978-2-3224-4433-5
Dépôt légal: Aout 2022

Retour en Utopie

Je me nomme John Harrison, marin de mon état. Longtemps j'ai tenu la plume pour écrire sur les journaux de bord des différents navires que j'ai commandés et fait naviguer sur les sept mers du globe. Maintenant que je ne navigue plus, car les ans ont passé sur moi et que le port de Londres est devenu mon port d'attache définitif, je prends de nouveau la plume pour conter une histoire qui m'est arrivée il y a 20 ans, en l'année 1575 sur l'île d'Utopie alors que j'étais capitaine du navire l'Athanor. L'histoire d'une rencontre dont je n'ai rien oublié depuis tout ce temps, et qui de toutes les aventures innombrables de ma vie de marin est la plus intéressante et la plus digne d'être rapportée ici. Pour l'édification de mes contemporains et des générations futures.

Voici cette histoire.

Livre premier

Je faisais relâche depuis 15 jours environ dans le port de Puripathnam situé dans le Sud Est des Indes orientales, car mon navire l'Athanor, un solide brik construit dans les Sept Provinces, nécessitait quelques entretiens avant d'entreprendre notre voyage retour vers la mère patrie. Mon équipage et moi avions effectué une très longue course dans l'océan indien et le golf du Bengale à la recherche d'épices et de marchandises précieuses pour le compte de notre armateur, le sir James Barclay de la compagnie Sea Harvest de Londres.

Le soir, après que mon équipage sous la direction de William Scot le très compétent maître charpentier du bord eu effectué les travaux d'entretien quotidien, et que j'eus fini de m'occuper des affaires administratives et commerciales, nous nous rendions dans les tavernes du port à fin de nous délasser et profiter de la fraîcheur vespérale. Ainsi, c'est dans la taverne sans âge du Lion vert qui était devenue notre point de rendez-vous habituel, que je remarquais soir après soir, assis seul à une table près de l'entrée un personnage qui dénotait fortement sur la population habituelle, souvent malsaine, qui fréquentait ce genre de lieux. Les premiers soirs je ne prêtais vraiment attention qu'au fait qu'il était le seul client à ne pas boire d'alcool, mais seulement du thé, était vêtu d'une manière très étrange, mais très simple et lisait un livre qui me parut très ancien et très sombre. Qu'un homme dans ce pays sache lire était déjà en soi un fait extrêmement inhabituel. Je ne me souviens plus du titre de son livre seulement des premières lettres qui étaient Necron, je crois. Je l'observais attentivement et de soir en soir je remarquais que cet homme interrogeait systématiquement les capitaines de navires entrant dans la taverne, et ce en plusieurs langues. En flamand, portugais, anglais, espagnol et d'autres langages inconnus pour moi. Il ne m'avait jamais interrogé, car j'étais vêtu comme un autochtone et par conséquent il ne devait pas savoir que j'étais un capitaine étranger. Pendant ma carrière J'avais en effet pris l'habitude de porter les habits du peuple chez lequel je faisais escale, cela était utile pour le commerce de se faire bien accepter par la population et les autorités locales. C'est aussi une marque de respect envers la culture du pays dans lequel on fait escale. Et donc sans doute a-t-il pensé que j'étais un autochtone. Il n'interrogea pas mes hommes d'équipage, peut-être qu'il ne reconnut en aucun d'eux, et ce malgré leur bonne tenue, un capitaine de navire, un chef. Soir après soir dans le brouhaha de la salle, je pus malgré tout saisir quelques questions que l'homme posait à chaque nouvel entrant qui devait lui sembler diriger un navire.

– Êtes-vous capitaine ? Avez-vous un navire, partez-vous bientôt ? Vers quelle direction partez-vous ? Allez-vous vers le Sud…?

Je pensais alors que cet homme étrange et inhabituel cherchait seulement un embarquement sur un navire qui serait en route vers son pays. Un simple voyageur comme il y en a tant dans tous les ports du monde, sous toutes les latitudes. Je l'aurais très vite oublié si un soir je n'avais perçu dans ces questions à plusieurs reprises le mot Utopie. Je connaissais l'île d'Utopie par le récit du voyageur portugais Raphaël Hythloday rapporté il y a un demi-siècle par mon compatriote sir Thomas More et par quelques capitaines et marins rencontrés dans un port ou un autre au cours de mes nombreux voyages, mais je n'avais jamais rencontré d'utopiens ni visité cette île. Car le mot Utopie et son attitude peu commune me persuadèrent vite ce soir-là qu'il s'agissait bien d'un citoyen utopien cherchant un passage sur un navire en route pour son île. Cela naturellement éveilla en moi une très vive curiosité. Pourtant j'hésitais longtemps avant d'aller parler à cet homme étrange, mais je n'ai jamais depuis regretté ma décision. Un soir je me levais, laissant mon équipage et m'approchais de la table où il était assis, je me présentais et le saluais de quelques mots et compliments d'usage.

– Je me nomme John Harrison capitaine de l'Athanor du port de Londres. Avec mon équipage nous fréquentons cette taverne et je vous observe depuis quelques jours, seriez-vous comme je le pense un citoyen de l'île d'Utopie ?

Je lui parlais directement en anglais, et toutes nos conversations par la suite se firent heureusement pour moi dans cette langue, qu'il parlait très correctement. L'homme se leva lentement de sa table et me regarda fixement un instant, puis il me toisa des pieds à la tête intensément. Il semblait à la fois curieux et vexé.

– Oui effectivement, je me nomme Ogygès et je suis de l'île d'Utopie comme vous l'avez deviné. Donc vous êtes capitaine et vous avez un navire. Partez-vous bientôt ? Dans quelle direction se fera votre prochaine navigation ? Prendriez-vous éventuellement vous un passager, me répondit-il.

Il parlait d'un ton calme et avec un accent indéfinissable. En fait plus qu'un accent, il s'agissait d'une manière particulière de poser les phrases et les mots, un ton monocorde et régulier. Cela ajouté à sa façon de regarder les personnes fixement, de ne pas faire pas plus de gestes que nécessaire annonçait l'homme sage et maître de lui-même, le philosophe caché sous le voyageur.

– Oui j'ai un excellent navire l'Athanor et je partirai pour Londres dans trois jours au matin. Notre course dans cet océan est terminée, mes cales sont pleines à craquer de toutes les marchandises que l'on peut trouver sur cette mer, ou tout au moins au nord de votre île. Que fait un citoyen de l'île d'Utopie dans ce port ? Vous ne me semblez pas être un commerçant, ni un marin, le questionnais-je.

– En effet, me répondit-il et ajouta, vous êtes le premier et en fait le seul, capitaine Harrison dans ce port et dans cette taverne, à avoir deviné mon appartenance au peuple utopien depuis que j'y séjourne. Moi-même je n'avais pas remarqué que vous étiez un marin étranger avec les habits que vous portez et qui vous font ressembler à un autochtone. Je suis vexé et déçu de moi-même, car un homme doit toujours et en permanence être attentif et vigilant et tout remarquer de son environnement immédiat. Cela est nécessaire pour appréhender la réalité et aussi deviner et prévoir les événements immédiatement à venir.

Je lui répondis.
– Avant d'être marin j'ai beaucoup étudié et beaucoup lu sur tous les sujets, car je voulais être historien comme mon père, mais ma destinée personnelle en a décidé autrement. Savez-vous que le nom de votre île est devenu, parmi les gens cultivés d'Europe, depuis la publication du livre de Sir Thomas More synonyme de lieux idéal, de monde parfait. Beaucoup parmi nous aimeraient y vivre, ou plutôt par mis ceux qui sont suffisamment éduqués et éclairés pour avoir d'autres préoccupations que leurs vies quotidiennes et leurs propres existences. Moi aussi je pense que ce serait une très bonne chose d'importer et d'appliquer dans mon pays, qui est aussi une île, et en Europe toutes ou parties des institutions utopiennes.

Il répondit en souriant.
– vous aviez parfaitement raison de vouloir suivre les pas de votre père. L'histoire est sans conteste aucun la science suprême. Un honnête homme ne peut se prétendre vraiment cultivé si il ne connaît rien ou trop peu de l'histoire du monde et des nations. Le présent est le résultat du passé et le futur sera le résultat du passé et du présent conjugués. Pour bien connaître et appréhender le présent et supputer l'avenir il faut étudier sans relâche l'histoire des nations, des peuples et des hommes. Un honnête homme ne sait jamais assez de choses, sur tous les sujets en général et sur l'histoire en particulier. Par exemple, l'histoire en politique, et donc pour la vie des nations, est mère de sagesse. Les hommes en charge des nations devraient idéalement être des historiens. Cela vaut aussi pour les individus, car on ne connaît bien quelqu'un que si l'on connaît tout de son passé.

Du geste il m'invita à m'asseoir en face de lui. Nous commandâmes à boire, lui du thé et moi une de ces affreuses bières que l'on fait par ici. Mais j'avoue que mes hommes et moi nous nous étions vite habitués à son goût. L'homme s'habitue à tout, même au pire, parfois même sans s'en apercevoir. Au bout d'un certain temps la nouveauté devient une habitude et si l'on revient aux habitudes anciennes cela semble étrange. Un léger et furtif sourire passa sur le visage d'Ogygès, une accusation muette du philosophe contre les buveurs d'alcool sans doute.

– Je levais mon verre et lui dit, santé !

Il répondit avec un nouveau léger sourire.
– La paix et la prospérité.

Je le questionnais ensuite.
– Alors, je suis très intrigué que fait un utopien ni marin ni commerçant dans une taverne de ce port ?

– Je suis en quelque sorte un étudiant, j'étudie les hommes, leurs civilisations, leurs histoires et leurs institutions. En les visitant directement pour celles qui sont situées dans cette partie du monde où nous nous trouvons. Pour les autres je me sers des livres, hélas trop peu nombreux et des rencontres avec les voyageurs, les commerçants et bien sûr les marins. J'étudie en particulier les institutions, car ce sont elles surtout qui changent de pays à pays. Car les hommes comme ils sont partout les mêmes ou presque, connaître les habitants de mon pays me suffit à connaître ceux du monde entier. Je veux dire bien sûr qu'ils sont identiques dans les grandes lignes, dans leurs principes fondamentaux.

Je le questionnais encore.
– Comment ? Je pensais que les institutions utopiennes étaient les meilleurs de l'ancien et du Nouveau Monde, qu'avez-vous donc à

apprendre des autres nations et des autres hommes de la Terre ?
L'Utopie n'est-elle pas un monde parfait et les utopiens des gens
raisonnables ?

– Hélas, les civilisations et leurs institutions sont des créations de
l'homme, et celui-ci étant, je vous l'assure, quelle que soit sa race ou
sa culture, extrêmement faillible, il n'est pas étonnant que ses
créations le soient aussi. Rien en ce bas monde n'est éternel. Les
choses durent juste plus ou moins longtemps. Cela dépend des
individus, hommes et femmes qui forment le peuple dont sont issues
ces institutions. Si ils sont forts ou faibles individuellement leur
collectivité, et donc toutes leurs créations seront également fortes ou
faibles. Mais les individus ou plutôt les individualités, et donc les
peuples sont plus faibles qu'on le pense en général y compris le
peuple utopien que vous me semblez tenir, à tort, capitaine Harrison
en si haute estime, répondit-il sur son ton monocorde.

J'ajoutais.
– Je sais bien que l'homme est une créature imparfaite. Mais l'homme
est 'il vraiment si extrêmement faillible ? C'est ce que vous pensez
sur l'île d'Utopie ? N'est-ce pas une affirmation exagérée ?

Il poursuivit sans relever ma question.
– Hélas il y a bien longtemps que les institutions utopiennes ne sont
plus comme vous le dites, les meilleures de l'ancien et du Nouveau
Monde. Les nations, vous ne l'ignorez sûrement pas, car vous avez
étudié l'histoire, sont comme les hommes, elles naissaient elles
grandissent, vieillissent et meurent. Innombrables sont les nations,
les peuples et les empires qui ont disparu au fil des siècles. Tous se
sont crus immortels, mais la plupart ne sont plus connus que des
lettrés et des savants et ignorés du commun peuple. Les institutions
d'Utopie sont nées elles ont vécues et vieillit et elles sont en train de
mourir. L'Utopie elle-même ne sera plus un jour qu'un souvenir, un
chapitre dans un livre d'histoire. Peut-être même que cela semblera
juste un mythe aux gens du futur. Mais de même que la mort d'une

génération d'individu permet de laisser la place à la suivante plus évoluée, la fin des lois et des institutions d'une nation doit permettre théoriquement la création de nouvelles. Il appartient aux législateurs d'en imaginer et créer de meilleurs, de plus évoluées, de plus adaptées au monde présent et futur. Il en est de même sur mon île. Mais avant de décider quelles nouvelles institutions nous adopterions les plus hauts magistrats et responsables de mon pays décidèrent d'envoyer de par le monde des sortes d'enquêteurs pour étudier et évaluer celles des autres nations. J'eus l'honneur d'être choisi pour cette partie du monde. C'est ainsi que mon travail d'enquête achevé je cherche dans ce port un passage sur un navire pour retourner en Utopie.

Je commandais une autre bière et lui dit.
– Ce que vous dites m'étonne, nous avons peu d'informations sur l'Utopie, mais pour ce que j'en sais les institutions étaient faites pour durer éternellement et le peuple utopien suffisamment sage, raisonnable et éduqué pour vouloir conserver longtemps les avantages que celles-ci procuraient à tous en général et à chacun en particulier. L'île d'Utopie n'est-elle pas grâce à ses lois, prospère, fortunée, en paix avec ses voisins et militairement très forte ? L'île d'utopie n'est-elle pas un exemple pour toutes les autres nations et les autres peuples de la Terre ?

Il commanda ostensiblement lui aussi une bière.
Je le lui fis remarquer.
– Depuis que je vous vois et que je vous observe dans cette taverne vous n'aviez bu que du thé et ce soir vous prenez une bière, mais je suppose que cela n'est pas pour rien n'est-ce pas ?

Il répondit.
– En effet, cela est dû à l'influence des personnes présentes dans la taverne, car je suis un être humain et comme tel faillible. Donc plus ou moins influençable et il en est de même des peuples, y compris le peuple utopien. Un peuple, comme un homme ne peut échapper aux

influences du monde dans lequel il vit. Mais il doit essayer de n'en conserver que les bonnes. Pour décider du bon et du mauvais d'une chose, il faut être intelligent et objectif. Mais cela est difficile. Surtout d'être objectif. Il y a beaucoup d'hommes intelligents, mais très peu de réellement objectifs.

Il but une minuscule et symbolique gorgée de bière et poursuivit.

– Vous avez raison capitaine de dire que le peuple utopien était sage, mais il ne l'était pas par nature. Aucun peuple de cette Terre n'est sage et raisonnable par nature. Si l'homme était sage par nature aucun peuple de notre planète n'aurait jamais eu recours à des lois, des règles, morales ou religieuses et autres systèmes artificiels nécessaires au maintien de la vie collective. Or jugez du fait que le premier acte d'un groupe d'hommes voulant créer une nouvelle nation, ou une nouvelle cité c'est de se donner des chefs pour que ceux-ci édictent des règles et des lois. Chefs choisis parmi ceux qui semblent à tous les plus sages, ou les plus aptes à commander, car la masse des hommes est consciemment ou inconsciemment certaine qu'elle ne pourrait se gouverner seule. Jugez aussi que les individus sont fondamentalement incultes, égoïstes et orgueilleux, l'expérience du quotidien le démontre à chaque instant, et que chacun pense pouvoir se gouverner seul, mais que tous les autres en sont incapables. En fait ce que chacun demande au chef, c'est d'édicter des lois et de les faire respecter par la force pour se prémunir de l'égoïsme et de l'orgueil de tous les autres. Les peuples ne sont pas sages, car les individus qui les composent ne le sont pas.

Il me regarda en souriant droit dans les yeux pour voir si j'avais assimilé ses propos puis jugeant sans doute que c'était le cas il poursuivit.

– Ainsi ce sont les institutions et les lois que le très sage Utopus notre premier souverain donna au peuple après la conquête de l'île,

13

qui se nommait alors Abraxas, qui le rendit sage. Ses lois, ses institutions sa morale furent d'abord imposées par la puissante armée d'Utopus et par les familles qui suivaient les soldats. Après la mort de celui-ci, la force de son armée qui pourtant avait été complétée par les autochtones fut encore assez importante pour imposer à tous sa volonté sur les quatre ou cinq premières générations du peuple issu de l'union des conquérants et des îliens d'origines. Cela était facile, car une force militaire est par nature organisée et disciplinée. L'armée utopienne était bien intégrée à la population puisque reposant sur le meilleur et le plus logique système militaire qui soit pour un peuple celui de la conscription. Les familles des soldats participèrent aussi à ce phénomène. Les enfants faisant naturellement comme leurs parents. Puis comme les lois et les institutions étaient sages et que tous individuellement ou collectivement en tiraient avantage, et à force d'être pratiquées de génération en génération elles devinrent comme une seconde nature, mais une seconde nature artificielle. Cela aurait pu en effet durer très longtemps, mais l'île d'Utopie n'est pas la seule nation sur terre, elle est donc soumise aux influences des autres pays. Aux bonnes comme aux mauvaises. Surtout aux mauvaises hélas. Tant que l'art de la navigation ne permit pas aux étrangers de venir en masse sur notre île, leurs influences furent légères. Lorsqu'il s'agissait de gens de qualité, par exemple, d'explorateurs, de lettrés ou de savants qui venaient chez nous cela était une bonne chose pour nous. Mais si il s'agissait de gens ordinaires cela ne créait pas de problèmes ni ne représentait de danger pour l'île, car leurs idées, leurs coutumes bonnes ou mauvaises étaient en quelque sorte dissoutes dans la masse du peuple utopien. Mais lorsque le nombre de visiteurs ou de résidents étrangers devint plus important, leur influence fut plus forte. Et de même plus leur influence progressait, moins l'influence que les lois utopiennes avaient sur eux en retour était forte. Cela se déroule de la même manière dans tous les pays. Par contre lorsque ce sont des citoyens utopiens qui s'installent à l'étranger, leur influence est soit neutre, soit plus rarement positive. Elle est neutre, car les utopiens ont pour habitude de s'intégrer très rapidement aux populations étrangères. Rarement positive, car influencer les autres peuples en bien est toujours difficile. Il est d'ailleurs difficile d'influencer une autre individualité.

Il posa son verre de bière et reprit en souriant son verre de thé. Je compris que la bière était juste une excuse pour lancer la conversation dans le sens qu'il souhaitait. Je vis aussi que tout en me parlant il ne cessait d'être attentif à tout ce qui se passait dans la taverne, il continua.

– Voyez-vous capitaine Harrison, au sein d'une nation, quelque elle soit, il naît des individus intellectuellement, moralement et psychologiquement faibles et d'autres forts. Les faibles et les imbéciles sont toujours plus nombreux que les forts et les intelligents, cela est hélas facile à constater pour un homme cultivé et observateur. Les faibles seront plus facilement enclins à être influencés par les mœurs et les habitudes étrangères et suivre les propres mœurs et lois de leur pays les plus faciles et non pas les plus difficiles. Ils chercheront constamment à bénéficier de leurs droits plutôt que d'accomplir leurs devoirs d'hommes et de citoyens. Donc soit ils importeront des attitudes inadéquates pour la nation ou bien ils n'accompliront pas celles qui lui sont nécessaires. Quant aux individus forts quelles que soient leurs éducations et leurs formations ils ont consciemment ou inconsciemment l'habitude d'imposer par la force, fût-elle seulement verbale, leurs points de vue et leurs idées. Si ces idées sont bonnes et utiles cela est un progrès pour la nation, mais dans le cas contraire, elles auront un effet néfaste sur le pays ou bien ce qui est le plus souvent le cas elles ne serviront que les intérêts propres de ces individus. La seule manière de lutter contre les individus forts ou faibles est de les encadrer par de très fortes lois et une très puissante morale. Des lois qui doivent absolument reposer sur le système moral en vigueur dans le pays et qui doivent être bien sûr garanties par un implacable et efficace système de coercition. Comme je vous l'ai dit, l'homme est faillible et comme il est fondamentalement un animal sa nature, sauvage et égoïste, égocentrique, reprit le dessus dès que nos institutions, nos lois pour des causes diverses n'exercèrent plus sur le peuple en général et les individus en particulier une force et une présence suffisante pour neutraliser les individus forts et faibles de la nation. Ceux-ci en retour comme un ouroboros venimeux qui se mord la queue influencèrent négativement les institutions et les lois de la nation lors des élections ou des votes populaires. Pour une nation, pour un peuple il est toujours plus facile hélas de descendre rapidement les marches de la civilisation vers le chaos et l'obscurité que de les monter vers l'ordre et la lumière.

Il fit une pause.

Je l'interrogeais de nouveau.
– Donc vous prétendez que les institutions d'Utopie qui nous semblent si sages à nous autres européens ce seraient dégradées ? Je parle des Européens éclaires, naturellement.

– Oui, les institutions ont changé, car les hommes pour lesquelles ses lois étaient destinées ont changé. Les habitants de l'Utopie en changeant, c'est à dire en laissant leur nature reprendre le dessus ou bien en se laissant influencer on vu le monde différemment et par conséquent eu une nouvelle vision et une nouvelles pratique des institutions et des lois. Une fois que les lois eurent perdu leurs valeurs sacrées, les habitants de l'île se crurent autorisés à les bafouer ou les pervertir. Les chefs eux-mêmes ne furent pas les derniers à oublier leurs devoirs. De même les étrangers de passages sur l'île, de plus en plus nombreux, se sont crus autorisés à ne suivre parmi nos lois que celles qui les favorisaient. Celles qui favorisaient leurs droits plutôt que leurs devoirs, ou bien celles qui étaient les plus semblables aux lois de leurs pays d'origines, même dans le cas ou celles-ci n'étaient pas compatibles avec la civilisation utopienne. En fait un pays ne change pas c'est sa population qui se modifie.

Petit à petit la taverne s'était vidée, perdu dans notre conversation je ne l'avais pas remarqué, mais mon interlocuteur, attentif à tout, oui.

Il se leva et me dit.

– Le tenancier va bientôt nous demander de quitter ces lieux. Plus tôt vous m'avez dit capitaine que votre navire quitte le port dans trois jours, votre route vous ferait elle passer près de l'île d'utopie ? Si c'est le cas me prendriez-vous à votre bord ? Bien sûr je paierai le voyage en travaillant à votre bord. J'ai déjà été marin.

Le tenancier s'approcha de notre table, d'un geste je lui fis comprendre que nous partions et je posais quelques pièces sur la table ainsi que Ogygès.

Mon interlocuteur et moi sortîmes et fîmes quelques pas en direction du port. La rue étroite et sale était éclairée seulement par une Lune d'argent et quelques lampions tremblotants accrochés sur les devantures des commerces. Quelques marins ivres regagnaient bruyamment leur bord. Mon équipage lui, sous la surveillance de mon second avait déjà en bon ordre rejoint l'Athanor quelques instants plus tôt. J'ai toujours veillé à maintenir sur mes différents navires une discipline à la fois implacable et paternelle. Une discipline basée sur l'autodiscipline, c'est à dire faire comprendre à chacun qu'il doit se comporter toujours et en tous points pour le bien et l'intérêt de tout l'équipage. Pour composer un équipage il faut bien choisir ses hommes, et savoir rejeter implacablement et sans état d'âme, ceux qui ne sauront jamais se comporter avec un esprit collectif. Ce n'est pas facile de former un bon équipage, mais une fois que cela est fait on peut sans crainte affronter toutes les tempêtes et toutes les mauvaises rencontres.

Tout en marchant, je posais la main sur la garde de ma fidèle épée pour nous prévenir contre l'action d'éventuels malfrats et je remarquais que mon compagnon était lui aussi discrètement armé. D'une arme d'un modèle que je n'avais jamais vue auparavant, probablement provenait elle d'un des nombreux pays visités par Ogygès au cours de ses voyages. Il avait dû la choisir en fonction de critères essentiellement pratiques. Son attitude était si discrète que nul n'aurait pu deviner qu'il était prêt à un éventuel combat.

17

Je lui dis.

– Oui mon trajet retour passe assez près de l'île d'Utopie, mais je n'avais pas envisagé d'y atterrir, car la mauvaise saison approche. Mais un détour ne me prendrait que trois ou quatre jours de navigation de plus. J'avoue que votre demande me tente, car visiter même pour quelques jours votre île serait une découverte intéressante. Surtout que je ne sais pas si un jour mes voyages me porteront de nouveau sur cet océan. Je pourrais aussi y faire un peu de commerce. Dans la vie il ne faut jamais manquer une occasion, et surtout pas une occasion de s'instruire.

Je remarquais qu'en marchant Ogygès ne faisait pas le moindre bruit de pas, je poursuivis.

– Quant à mon équipage même si il est pressé de rentrer dans ses foyers après cette longue course, il est brave et discipliné, et je saurais le convaincre de faire ce détour. Je crois me souvenir que l'un de mes hommes a déjà sur un autre navire été en Utopie il y a quelques années.

Je m'arrêtais et fis à face à mon compagnon.

– Hé bien soit ! Ogygès je vous prends à mon bord, vous serez le bienvenu sur l'Athanor ! Et vous pouvez embarquer dès ce soir. Je sais déjà ou vous pourrez loger à bord.

Mon compagnon me tendit la main et dit en souriant.
– Capitaine Harrison je vous remercie infiniment de m'accueillir à votre bord. Mais je dois encore régler quelques affaires ici, aussi je n'embarquerai que dans trois jours et je vous assure que vous aurez en moi un passager discret qui ne gênera en rien votre équipage. J'ai déjà travaillé sur des navires civils et militaires de la flotte utopienne, en conséquence je connais bien les travaux et les manœuvres qu'il y a à accomplir sur un navire.

Nous nous serrâmes la main et je lui souhaitais une bonne nuit.

– Que la nuit vous porte de bons conseils, répondit-il.

Puis il s'éloigna rapidement et en silence en direction de la ville haute. Quant à moi je regagnais songeur mon navire.

Livre second

L'aurore se levait sur le port, éclairant de ses doigts roses, comme disaient les anciens Grecs, les activités naissantes des hommes. Tous les ports du monde se ressemblent le matin, seule la langue que l'on y parle change, un marin n'y est jamais dépaysé. Ogygès était déjà là, au pied de la passerelle de l'Athanor. Il patientait immobile comme une statue, mais suivait des yeux toutes les opérations à bord du navire. D'un geste de la main je l'invitais à monter. Il prit un gros sac et grimpa rapidement et habilement sur le pont. Je pensais Ogygès assez âgé bien que j'ignorais quel âge il pouvait réellement avoir. Mais je constatais qu'il était en parfaite forme physique, sans doute pratiquait-il des exercices pour cela. Mens sano in corpore sano comme disaient avec justesse les antiques romains. En quelques mots nous nous saluâmes et je le guidais dans les coursives à la place que je lui avais réservé pour le voyage, un minuscule logement entre la cambuse, et la sainte barbe, c'est-à-dire la réserve de poudre du navire. Bien que l'Athanor était un paisible navire de commerce il n'en était pas moins armé de quatre petits canons pour se protéger des pirates innombrables qui hantaient ces parages et rendaient le commerce maritime périlleux. Je le laissais s'installer et retournais sur le pont pour commander la manœuvre de dés accostage. Mon navire se détachait lentement du quai, paresseusement tracté par la barque à rames du pilote quand Ogygès me rejoignit.

Il me dit de sa voix monocorde.
– Hé bien capitaine, votre navire est vraiment excellent et bien entretenu comme vous me le disiez il y a trois jours. On devine à cela la qualité de l'équipage et de son capitaine. Et son nom est très prometteur. Alors en quoi puis-je être utile à votre équipage, quel poste m'avez-vous réservé ? Je connais aussi un peu l'art de la navigation et des cartes, car sur mon île nous pensons que l'on ne sait jamais trop.

« Savoir est un devoir, car savoir c'est pouvoir » est l'une de nos maximes préférées.

Je lui répondis
– Bien qu'un navire soit un lieu où nul ne peut ni ne doit rester oisif, j'avoue mon cher Ogygès que j'ai des scrupules à vous demander de participer aux manœuvres et aux travaux du bord.

Ogygès s'approcha alors du bord et d'un geste large il me désigna la mer tout autour du navire et me dit.
– Capitaine Harrison vous avez tort d'avoir des scrupules. Même si c'est pour peu de temps je vais vivre sur votre navire et donc je dois me comporter comme un membre à part entière de votre équipage. Je ne veux pas être un simple passager. Jugez que votre navire est entouré par l'océan et donc peut être considéré comme une île. Une nation entourée par d'autres nations est aussi en quelque sorte une île. On peut donc dire que l'Athanor est une nation en miniature. Une nation est prospère et connaît la paix intérieure si chacun de ses membres accomplit son devoir quotidien. Pour que tous fassent leur devoir, il faut que chacun connaisse son rôle et sa place, pour cela il faut une bonne organisation, bien pensée et bien réfléchie. Il faut aussi une autorité suffisamment légitime pour faire accepter ses décisions par tous, suffisamment forte pour les imposer aux réfractaires et aux égoïstes et suffisamment intelligente pour savoir quoi faire en fonction des circonstances et de l'époque. L'autorité doit être capable de coordonner le travail de tous, de régler les problèmes actuels et de prévoir les obstacles du futur pour les éviter. Et aussi bien sûr, le plus important maintenir tout le monde en général et chacun en particulier dans l'accomplissement de son devoir. Par analogie avec un pays on peut dire que sur votre navire vous représentez l'autorité et les membres de votre équipage représentent le peuple. Dans une nation, lorsqu'il y a de nouveaux membres, même ceux de passages, ils doivent rapidement s'intégrer au peuple pour ne pas représenter une source de désordres, de disharmonie ou de tension.

Tout en parlant nous marchions sur le pont, Ogygès saluait les membres de l'équipage occupés à leur besogne d'un signe de main ou de tête. Ceux-ci lui répondaient de la même manière. Je voyais bien que les membres de mon équipage se posaient des questions au sujet de cet homme pour qui ils allaient faire un détour avant de rentrer dans leur patrie.

Il poursuivit.

– En tant que passager je représente, même provisoirement un nouveau membre de l'équipage. Sur mon île il y a beaucoup de maximes, de proverbes, de contes, qui sont appris par cœur par les enfants à l'école, car ce que l'on apprend lorsqu'on est jeune reste gravé pour toujours dans l'esprit. Un adulte, et donc un citoyen, se façonne au plus jeune âge. Si tout le monde utilise les mêmes maximes ou proverbes cela permet de renforcer l'éducation et la cohésion du peuple. Une de nos maximes probablement la plus importante, la plus fondamentale, de toute, dit comme ceci, « Il n'y a pas de bonheur sans ordre, pas d'ordre sans autorité, pas d'autorité sans unité et pas d'unité sans homogénéité ». Chaque principe découlant en toute logique du précédent. Pour qu'il y ait du bonheur, et sur votre navire le bonheur c'est l'équivalent du bon fonctionnement et de l'arrivée à bon port, il doit y avoir homogénéité entre tous vos membres d'équipage, anciens ou nouveaux, permanents ou provisoires. Pour une nation le bonheur est plus difficile à définir, mais il correspond en gros au bon fonctionnement du pays, c'est à dire, à la paix intérieure et extérieure, à la liberté et la prospérité pour tous.

Nous étions arrivés à la proue du navire, et nous regardions les côtes verdoyantes qui s'éloignaient lentement.

– Le premier grand principe à la base de tout est l'homogénéité. Le terme homogénéité regroupe plusieurs principes élémentaires. Langage commun, coutumes, religion et mentalité identique, apparence physique aussi. Avoir un langage commun est le premier des signes qui permettent aux hommes de se reconnaître membres d'une même nation ou dans notre cas d'un même équipage. Le langage est le vrai moyen d'unir une nation, il permet de transmettre les ordres, les informations, de faire connaître les lois, les coutumes. La langue commune est le ciment du quotidien. Le langage est semblable à de l'eau qui circule dans des canaux d'irrigation faisant fleurir la vie partout ou elle passe. Si le langage est différent cela est comme l'eau qui cheminerait dans des canaux obstrués, l'information ne passe pas la compréhension ne se fait pas. Imaginez un instant capitaine si chaque membre de votre équipage parlait une langue différente des autres, l'Athanor deviendrait vite une Babel flottante impossible à faire naviguer, le naufrage serait inévitable. Et comme je l'ai remarqué dans toutes les nations que j'ai visitées et étudiées, l'homme ne parle pas naturellement au locuteur étranger. Lorsque l'autre parle la même langue que vous on s'en sent naturellement déjà plus proche. On se reconnaît plus facilement dans celui qui parle la même langue que soit, on le comprend mieux à tous points de vues. C'est fondamental, vital, pour une nation d'avoir une langue unique. Parler des langues différentes au sein d'une même nation amplifie toujours les tensions. La religion, la culture, la mentalité sont aussi des éléments sources d'homogénéité. Quand les hommes au sein d'une nation ont des coutumes des religions et des mentalités différentes ils ont tous tendance à penser et croire que ce sont les leurs qui sont les meilleurs et les plus utiles. Vous avez sûrement lu puisque vous avez étudié l'histoire, Hérodote et son dialogue entre le roi Cyrus et le roi Crésus. En ce qui concerne la religion cela est encore plus exacerbé. Cette croyance en l'excellence de sa culture ou de sa langue pousse naturellement les peuples à vouloir les imposer à tous les autres. Cela crée toujours des tensions au sein de la nation, tensions qui peuvent à l'extrême, dégénérer en guerre civile, qui est pour une nation la pire forme de conflit qui soit. Une nation doit absolument avoir une seule culture et une seule religion. L'apparence physique participe aussi à l'homogénéité d'une nation. En Utopie, nation de bruns, un visiteur ou un résident étranger, marin, commerçant ou autre si il est blond, roux ou de type asiatique est immédiatement identifié comme non utopien. De même dans une nation nordique peuplée de blonds par exemple, le visiteur étranger blond aussi, sera de visu à priori reconnu comme un membre de la nation et ce jusqu'à ce qu'une information plus précise, par exemple sa langue, corrige cet à priori. Cela vaut aussi pour les membres d'une même nation, qui pourrait varier d'apparence d'une région géographique à une autre. Lorsque Utopus conquit la presqu'île d'Abraxas, son armée et les civiles qui la suivaient étaient plus grands de taille que les habitants d'origines. Pendant les quelques décennies qui suivirent la conquête il était possible aux utopiens de faire la différence entre les descendants des soldats d'Utopus, les conquérants et les autochtones, les vaincus. Cela créa des problèmes et des tensions malgré les lois et les sages institutions d'Utopus. Il fallut que les deux peuples se mélangent complètement ou presque, après quelques générations pour que ces tensions disparaissent petit à petit. Les noms et les prénoms aussi servent ou desservent l'homogénéité. A son nom ou son prénom on reconnaît immédiatement un étranger. Utopus obligea avec sagesse les habitants, après la conquête de l'île, à choisir leurs noms de famille et leurs prénoms seulement à partir d'une liste commune. Cette liste bien entendu n'a jamais varié depuis cette époque lointaine. Mais l'application de cette sage loi est devenue au fil des siècles de plus en plus difficile.

Ogygès ajouta en souriant.
– Il y a beaucoup Ogygès sur mon île mon cher capitaine, mais tous ne sont pas des philosophes hélas.
Il reprit le fil de son explication.
– Les vêtements aussi participent à l'homogénéité sociale. Dans un pays qui à des vêtements spécifiques on reconnaîtra immédiatement un étranger si celui-ci n'a pas adopté les habits locaux. Au sein d'une même nation on peut d'ailleurs différencier les habitants des plaines de ceux des montagnes, car en général ils ont pour des raisons pratiques des vêtements différents. Ou bien entre les classes riches orgueilleusement habillées et les pauvres utilisant des vêtements plus simples et plus pratiques. Pour rendre tout le monde égaux et semblables aux autres Utopus obligea les utopiens à ne porter qu'un

seul type de vêtement. La nourriture aussi, car un pays possède en général des plats et recettes typiques. Ainsi une nation dont les membres ne seraient pas d'apparence physique homogène et n'auraient pas une attitude commune subirait plus de tensions interne qu'une autre dont tous les individus auraient un type physique proche et une mode vestimentaire commune. Le style de vie diffèrent entre les éleveurs les agriculteurs, les pécheurs ou les artisans peut aussi être un facteur de non-homogénéité. Mais dans ce cas on ne peut rien faire ou presque. Bien entendu capitaine sur votre navire et son équipage de quarante-cinq hommes cela n'a pas d'importance, tandis qu'au sein d'une nation de millions d'individus cela est crucial. Les problèmes prennent plus d'importance en proportion du nombre bien entendu. Dans un groupe social, nation, tribu, équipe de travail ou autre, les qualités personnelles s'additionnent tandis que les médiocrités individuelles se multiplient hélas. Lorsque les hommes ont le même langage, la même mentalité la même religion ou absence de religion et sont semblables d'apparence les tensions et dissensions entre eux disparaissent naturellement. Seules restent bien sûr les tensions d'ordre personnelles, et c'est pourquoi l'éducation d'un homme doit permettre de développer sa capacité à se maîtriser en toutes circonstances. Les tensions sont source de discordes et surtout de désunions. Il est facile vous le voyez de constater que l'unité découle naturellement de l'homogénéité. Une nation si elle veut la paix intérieure doit toujours chercher dans la mesure du possible à être homogène dans tous les domaines. L'autorité doit sans cesse chercher à renforcer l'homogénéité, ainsi l'unité du peuple sera plus facile à obtenir. Ces mêmes principes s'appliquent aussi naturellement entre nations. Plus des nations se trouveront proches les unes des autres par la langue, la religion ou tous autres principes, moins elles auront, en théorie, de conflits entre elles.

Nous avions fait en marchant un tour complet sur le pont et étions arrivés à la timonerie. Je pris la barre des mains de mon second et mis résolument le cap au Sud vers l'île d'Utopie. Toutes voiles dehors.

25

– N'êtes-vous pas Ogygès impatient de regagner votre patrie et votre famille ? lui demandais je.

– Oui bien sûr je l'avoue, mon voyage d'étude dans cette partie du monde a duré très longtemps, mais la patience est une des vertus premières de l'honnête homme, non ? Être impatient ne fait pas avancer le temps plus vite. Si on est obligé d'attendre ou de patienter, il faut essayer d'utiliser ce temps de manière intelligente. En essayant de s'instruire, de réfléchir ou tout simplement d'observer attentivement le monde et les gens qui nous entourent par exemple. L'impatience c'est pour les béotiens et les médiocres.

Je donnais des ordres de la voix et du geste, mon équipage les exécutait prestement et efficacement.

Ogygès reprit alors le fil de son explication.
– Voyez-vous mon cher capitaine Harrison, sur un navire comme pour une nation, l'autorité est une chose primordiale. Comme l'unité découle naturellement de l'homogénéité, l'autorité découle de l'unité. Il est plus facile à une nation ou un groupe d'individus de se donner un chef lorsque l'union règne plutôt que la désunion. L'union règne lorsque les points communs entre les individus sont plus nombreux que les points de différences. S'il y a désunion des groupes différents se formeront. Chaque groupe en fonction de sa formation ou de son absence de formation intellectuelle, de sa vision du monde ou de ses capacités aura des intérêts et des objectifs différents. Ces groupes se donneront naturellement des chefs, des meneurs qui correspondront à leurs besoins, leurs objectifs ou à leurs mentalités. Chaque groupe cherchera à faire parvenir son seul chef au pouvoir suprême pour voir ses intérêts et ses objectifs atteints. Bien souvent, pour ne pas dire toujours un homme suit un meneur pour ses propres intérêts, pour ce que ce meneur peut lui rapporter à lui et non pas pour le bien de la communauté. Plus les membres d'une nation sont non homogènes, plus ils formeront des groupes nombreux. Plus les groupes seront nombreux plus il y aura de chefs différents. Or si tous les membres d'une nation avaient les mêmes besoins, les mêmes envies furent-elles égoïstes, car ils auraient tous la même langue, la

même culture, la même façon de penser, la même formation intellectuelle et culturelle, leurs individualités paradoxalement puisqu'elles seraient toutes semblables ou presque deviendraient le point commun à tous. Ce point commun sera le facteur qui maintiendra l'unité. Ainsi tous ayant les mêmes envies, les mêmes idées, les mêmes illusions se donneront sûrement le même chef. L'autorité découle logiquement de l'unité. De l'autorité découle de fait l'ordre, surtout si c'est la plus grande majorité qui a porté l'autorité au pouvoir, de l'ordre découle le bonheur. Ou en tous cas l'ataraxie, c'est-à-dire l'absence de troubles. Donc il est facile de comprendre que l'homogénéité est gage de stabilité sociale et de progrès pour une civilisation. Vous voyez notre maxime, « Il n'y a pas de bonheur sans ordre, pas d'ordre sans autorité, pas d'autorité sans unité et pas d'unité sans homogénéité » est parfaitement juste.

Je lui répondis.
– Ogygès vous avez parfaitement raison, votre raisonnement me convainc. Alors je vais sans scrupule maintenant vous assigner une place et un travail à mon bord pour la durée de la traversée.

J'appelais mon maître d'équipage pour qu'il donne un travail à Ogygès et je regagnais mon poste de pilotage pour tracer notre route sur les cartes et les portulans en direction de l'île d'Utopie.

Livre troisième

J'espérais mettre à profit la traversée pour dialoguer avec Ogygès sur l'Utopie passée et présente, mais hélas le mauvais temps s'abattit sur mon navire pendant la traversée. Occuper à contrer la tempête, débordé par les activités du bord je n'eus hélas qu'une seule occasion de discuter sérieusement avec mon passager. Ogygès d'ailleurs se conduisit à mon bord comme un excellent marin. Il ne s'était pas vanté en prétendant avoir déjà navigué. J'eus été déçu de sa part s'il l'avait fait, car un honnête homme ne doit jamais se vanter ou essayer de se mettre en valeur. La modestie est une parure d'honnête homme. Pendant une très brève accalmie je l'invitais à partager mon repas dans ma cabine. A cette occasion mon passager me raconta ce qu'il avait observé des membres de mon équipage. Mais je me demande maintenant avec des années de reculs si certaines de ces observations n'étaient pas l'invention d'Ogygès, pour lui permettre de mieux démontrer son propos sur la faillibilité humaine.

– Capitaine Harrison, il y a fondamentalement deux sortes de penseurs ou de philosophes, ceux qui croient en la nature humaine et ceux qui connaissent réellement cette nature. Ou plus exactement ceux qui croient et espère en la nature humaine et qui fondent leurs théories sur cette espérance et ceux qui la connaissent vraiment et s'accommodent de cette nature pour fonder leurs réflexions et leurs actions. La première catégorie est hélas la plus répandue sur Terre. Je vous ai dit lors de notre rencontre dans la taverne du port que l'être humain quelle que soit sa race ou sa culture est faillible et par conséquent toutes ses constructions ou élaborations le sont aussi plus ou moins. Il m'a semblé ce soir-là que vous aviez des doutes sur la faillibilité humaine. Je vais donc vous définir ce qu'est la faillibilité humaine et vous démontrez qu'il n'y a aucun doute hélas à avoir sur son existence, comme j'ai pu le constater lors des mes nombreux voyages. Cela est nécessaire si vous voulez comprendre pourquoi l'Utopie vers laquelle nous naviguons est si différente de celle visitée il y a des décennies par Raphaël Hythloday. Et pour cela j'userais de que ce que j'ai observé de votre équipage depuis mon embarquement. Et aussi de ce que je connais de la nature humaine.

Jugez donc capitaine que les membres de votre équipage ont tous sur l'Athanor une tâche ou un poste assigné. Mais comme ils naviguent depuis des années ils ont acquis une expérience telle que chacun serait à même de prendre la place d'un autre, et cela arrive très fréquemment au cours d'une traversée, un homme malade à remplacer, une manœuvre dans la tempête nécessitant le travail de plus d'hommes que d'habitude ou à toutes autres occasions.

– Oui c'est la vie normale et quotidienne sur n'importe quel navire, moi-même si nécessaire je participe à la manœuvre. Et puis bien sûr il faut aussi savoir donner l'exemple du travail.

– Oui capitaine un vrai chef doit être capable d'accomplir toutes les tâches de ses subordonnés. Une tâche, un travail peut être soit simple et facile soit tout au contraire compliqué et pénible voir dangereux. Or jugez que c'est l'accomplissement par chacun de sa tâche quelle qu'elle soit, et cela le mieux possible qui permet à l'ensemble de l'équipage de réussir une manœuvre particulière, ou simplement de faire naviguer correctement votre navire. La tâche de chacun lui est assignée par sa formation. Vous mon cher Harrison avez naturellement par votre apprentissage de la navigation le poste de capitaine du navire. Il en est ainsi aussi par exemple pour Mr William Scot le charpentier du bord ou bien votre cuisinier.

Je le coupais pour ajouter.

– Il ne conviendrait pas en effet pour la bonne marche du navire que certaines tâches soient confiées à n'importe qui. Comme vous le savez, les individus sont tous différents, certains sont moins doués ou ont moins de volonté que d'autres.

Il poursuivit.

– Exactement, mais d'autres occupent des postes et accomplissent des tâches pour lesquelles leurs seules formations vient d'une longue expérience, comme par exemple votre maître des équipages. Mais le résultat est finalement le même. Un homme est toujours plus heureux de faire un travail facile et simple qu'une tâche compliquée et difficile, et cela se comprend humainement. Lorsqu'un homme a un travail unique facile et simple il aura moins l'envie d'en changer. L'homme qui au contraire fait un travail pénible ou qu'il n'aime pas cherchera naturellement le moyen d'en changer, d'en trouver un plus facile ou moins dangereux. Ou bien s'il ne peut en changer il cherchera à le rendre le moins pénible et le moins compliqué possible et ce parfois aux dépens de la qualité du travail accompli. Cela dépend du travail en question et non point de la manière dont l'homme en est venu à l'accomplir.

J'ajoutais.
– Cela et valable aussi pour la rémunération, un homme essayera toujours de faire en sorte que son travail lui assure pour lui et sa famille le meilleur revenu et la meilleure vie possible.

– Oui capitaine vous avez raison, il n'y a d'ailleurs aucun mal à vouloir un revenu élevé, ou même la richesse, car cela permet une vie meilleure et plus libre. A condition bien sûr que cela ne se fasse pas au détriment d'autrui et ne pas être vulgairement matérialiste. Et quand je dis les hommes, cela s'entend aussi pour les femmes. Sur votre navire il arrive parfois comme on l'a déjà dit que certains membres de l'équipage doivent effectuer une tâche qui n'est pas la leur habituellement. Il est facile d'observer dans ce cas que chaque homme espère que le maître des équipages qui distribue les tâches, lui en donnera une facile et de courte durée, plutôt qu'une ardue et longue. Cela s'observe aussi à terre bien sûr, partout ou des hommes doivent faire un travail collectif. Lorsqu'un homme fait un travail difficile, il cherchera par tous les moyens à le rendre moins pénible et cela même si cet homme est très consciencieux. Il est en effet facile d'observer partout que les travaux difficiles usent les hommes, leurs vigilances leurs consciences, cela est bien compréhensible. En

30

essayant de rendre son travail plus facile un homme peut en fin de compte mal faire sa tâche et par conséquent faire échouer toute son équipe. Si cette équipe effectue un travail privé, c'est-à-dire pour le compte d'une société, d'une entreprise, d'une famille ou autre cela n'affectera qu'une toute petite partie de la nation. Si au contraire l'équipe travaille à une tâche essentielle au pays comme par exemple les fonctionnaires, les soldats, les administrateurs, les élus du peuple, c'est toute la nation qui en sera affectée ou tout le navire dans le cas de l'Athanor. Au sein d'une nation tout est lié à tout et chacun et lier à tous les autres. C'est là un principe fondamental, mais qui est souvent ignoré hélas par la majorité des gens.

Je coupais Ogygès pour lui dire.
– Vous forcez le trait dans votre exemple, mais je comprends ce que vous voulez dire, bien que je ne pense pas que tous les hommes soient ainsi. Certains hommes accomplissent correctement leurs tâches si dures soit elles. Même si c'est la seule tâche qu'ils auront au cours de leur vie. Dans certains cas aussi un homme peut aller jusqu'à sacrifier sa vie pour accomplir sa tâche ou son devoir. C'est le cas par exemple des soldats ou des patriotes.

Il continua.
– Oui je force le trait et je généralise, mais je vous assure que tous les hommes sont plus ou moins ainsi. Et pour vous le prouver je vous demanderais de méditer objectivement sur ce que disaient les anciens Grecs. « Connais-toi toi-même et tu connaîtras tous les secrets de l'univers » ou si vous préférez mon cher capitaine connaît toi, toi-même et tu connaîtras tous les autres. Connaître ses forces et ses faiblesses c'est aussi connaître les forces et les faiblesses de tous les autres. Un peu comme connaître une forêt de son pays c'est aussi connaître celle des autres pays. Mais si cette maxime est utile à connaître et à pratiquer il faut pourtant s'en méfier un peu. Car un homme qui se croit bon et honnête pensera que tous les autres hommes le sont aussi. Or nous savons par l'expérience du quotidien que tous les hommes ne sont pas bons. Pour bien mettre en pratique

31

cette maxime il faut faire preuve en permanence d'une objectivité intellectuelle sans failles. La maxime devrait être « Connais-toi objectivement toi-même et tu connaîtras tous les autres ». Hélas mon cher capitaine l'objectivité intellectuelle est une des choses la plus difficile à obtenir pour un homme même s'il est parfaitement éduqué.

Je le coupais de nouveau.

– Vous aussi Ogygès, bien que philosophe utopien vous considérez vous faillible comme les autres hommes ?

– Oui bien sur capitaine Harrison, j'ai mes faiblesses et mes défauts comme tous les hommes. J'ai les défauts qui sont communs à l'espèce humaine et ceux inhérents à ma nature particulière, c'est à dire de mon individualité. L'homme est un animal, je veux dire par là qu'il est ni végétal ni minéral. Et il est évident que ces défauts en tant qu'espèce humaine proviennent de sa nature animal, car ceux-ci sont les mêmes partout, à toutes les époques et dans toutes les civilisations quelles que soient leurs natures et leurs organisations. Ces défauts dont l'égoïsme ou plutôt l'égocentrisme est le principal et l'origine de tous les autres, ont probablement pour origine la lutte pour la vie que devait soutenir chaque jour aux temps anciens l'homme à l'aube de son évolution. La nécessité de gagner durement sa nourriture quotidienne au milieu de la concurrence des autres membres de la tribu primitive et des animaux a dû ancrer un fort sentiment d'individualité et donc d'égocentrisme au sein de l'homme. La faim est une motivation suffisamment puissante pour pousser un homme de n'importe quelle condition et de n'importe quelle époque à s'affranchir de toutes règles ou de toutes morales. L'homme en fait n'a qu'un seul maître, qu'un seul dieu, qu'une seule loi, c'est son estomac. Un dieu qui nécessite ses trois prières quotidiennes que sont les repas. L'estomac est plus fort que la raison et que le cœur. Nul ne peut tenir rigueur à un homme de ce défaut-là. Quant à ses défauts individuels ceux-ci ont aussi en partie une origine physique. Vous savez bien capitaine qu'un homme a un comportement différent en fonction de son physique. Un homme physiquement fort n'hésitera pas à utiliser sa force à son profit. Cela le poussera peut-être vers le métier des armes ou tout autre dans lequel le physique prime sur l'intelligence. Je parle bien sur des soldats de la troupe et non pas des grands stratèges. Il n'hésitera pas dans la vie quotidienne, s'il le peut à imposer son point de vue par son physique. D'un autre côté, un homme au physique plus faible cherchera un métier dans lequel sa force physique ne compte pas. Il hésitera dans la vie de tous les jours à se confronter à des hommes plus forts que lui ou des situations dans lesquelles son physique pourrait lui faire défaut. Il sera plus diplomate au quotidien par nécessité.

J'ajoutais.
– Si je comprends bien votre propos vous opposez les faibles intelligents aux forts stupides. Cela est presque manichéen, mais en fait les hommes et le monde sont beaucoup plus compliqués que cela n'est ce pas. S'il est facile de constater qu'il existe bien des catégories d'individus on peut dire qu'il n'y a pas d'égalité entre les individus, ils sont tous différents.
μμμμμμ

Il répondit toujours avec son ton monocorde.
– Oui mon cher capitaine Harrison je généralise, car si l'homme à un physique il a aussi un caractère, et son caractère est déterminé par son histoire personnelle, et aussi, car un homme n'est jamais seul, par tout ce qui l'entour. Sa famille, son enfance, la géographie, son travaille, les mœurs, l'histoire de son pays, tout cela conditionne aussi le caractère et le comportement d'un homme. Un homme est la résultante de son histoire personnelle et de celle de sa nation, comme le caillou est le résultat de la montagne et de l'érosion causée par le vent la pluie et tous les autres phénomènes naturels. Il y a de gros et de petits cailloux, des cailloux anguleux et d'autres polis et lisses. Si un homme ne tente pas de maîtriser et d'améliorer son caractère, son intelligence et sa culture c'est-à-dire tout ce qui résulte de son histoire personnelle alors on peut de cela légitimement lui tenir fortement rigueur. Un homme doit en quelque sorte devenir une pierre taillée plutôt que de rester un caillou grossier. Car si un homme ne choisit pas son physique ou son lieu de naissance, il est par contre toujours maître de la qualité et de la nature de ses actes et

de ses pensées. On ne peut en vouloir à un homme pour ce qu'il est, mais seulement et toujours pour ce qu'il fait et la manière dont il le fait. Un homme doit constamment maîtriser son attitude due à la partie animale qui est en lui et son attitude due à son histoire personnelle, pour être vraiment digne du titre d'homme. Pour un philosophe utopien ce titre est le plus grand de tous.

J'ajoutais de nouveau.
– Votre réflexion mon cher Ogygès est aussi valable bien sûr pour les qualités humaines n'est-ce pas ?

Il poursuivit.
– Oui capitaine bien que je pense, que l'homme ait beaucoup plus de défauts que de qualités et c'est de la faillibilité dont nous devisons. Pour en revenir à votre équipage et donc par analogie à l'humanité tout entière car les hommes sont les mêmes partout et toujours, je vous disais que chacun si possible essaie d'avoir la tâche la moins pénible. Parfois pour obtenir une tâche qui lui convient, un homme n'hésitera pas à user de moyens immoraux ou parfois illégaux. Si un homme obtient une tâche facile, mais pour laquelle il aurait moins d'expérience ou de compétence qu'un autre, il ne demandera pas au maître des équipages de le remplacer même si cet homme pense ne pas accomplir sa tâche correctement. Et même si cet homme a conscience que son attitude peut être un facteur d'échec pour son équipe, il fera en sorte de conserver cette tâche si elle lui convient. Parfois même il fera semblant de l'accomplir correctement. De même si un homme a le choix d'accomplir deux tâches, une difficile, mais qui lui rapportera beaucoup d'avantages plus tard, ou bien une facile, mais dont le rapport final sera moindre, mais plus proche dans le temps, il est facile de constater que l'homme choisira presque toujours la seconde. Ainsi on peut définir la faillibilité humaine comme le fait de toujours choisir un intérêt ou un avantage immédiat, à un intérêt futur même de plus grande valeur et aussi de toujours choisir un intérêt individuel, personnel à un intérêt général ou collectif. Il peut y avoir aussi bien sur des exceptions dans l'attitude

générale d'un homme. Nous les philosophes d'Utopie nous disons que le monde n'est ni blanc ni noir, mais gris. Il est gris, car les hommes et les femmes qui composent le monde sont gris. Ils ne sont ni tout à fait blancs ni tout à fait noirs, ni tout à fait bon ni tout à fait mauvais. Ils sont, ou plus tôt nous sommes plus ou moins faillibles.

A l'aube du quatrième jour de navigation vers le Sud, l'Athanor embouqua le chenal qui sépare l'Utopie du continent. Ce chenal de 12000 pas de large environ fut creusé par Utopus et son armé après que celui-ci eut conquis l'île qui se nommait alors Abraxas. Un travail de titan propre à démontrer la volonté, la capacité d'organisation et l'intelligence d'Utopus. A notre époque le caractère artificiel de chenal a disparu, car la mer aidée de son fidèle allier le vent a, au fil du temps, dix-sept siècles, complété et parfait le travail des hommes. Comme j'ai pu le constaté sur les cartes et les portulans ou rien de spécial n'est mentionné, et dans les tavernes des ports ou les différents navires que j'ai commandés étaient amarrés, beaucoup de voyageurs, de commerçants avec qui j'ai parlé ou même les marins avec qui j'ai discuté pour échanger nos expériences maritimes, ignoraient l'histoire véritable de ce chenal. Il est considéré à tort par beaucoup de marins comme naturel. Je fis remarquer cela à Ogygès alors que nous étions sur le pont à profiter du chaud soleil de l'océan indien après ces journées de tempêtes.

Il me dit alors.
– Voyez-vous capitaine beaucoup d'utopiens aussi ignorent que le chenal est artificiel et pensent vivre sur une terre qui fut une île de toute éternité. Et ce, même parmi ceux qui sont considérés par la population comme cultivés et instruits. Alors je ne m'étonne pas que des étrangers, et même ceux qui sont régulièrement de passage sur l'île l'ignorent aussi. Cela vient du fait que dans toutes les nations du monde et à toutes les époques il y a eu et il y a encore fondamentalement trois sortes d'individus. Et comprenez-moi bien capitaine qu'il s'agit pour les philosophes d'Utopie d'une différence intellectuelle, culturelle et morale et non pas d'une différence de statut social, d'argent ou de naissance. Un homme ou une femme

peut appartenir à n'importe laquelle de ces classes en fonction de son état d'esprit, de son niveau intellectuel et moral. Mais bien sûr un homme sera quotidiennement jugé par ses concitoyens en fonction de son statut social et financier, surtout financier, plutôt que par son attitude intellectuelle ou par sa culture. Ces trois catégories d'individus ont de tout temps existé, et hélas existeront toujours je pense dans tous les pays du monde. Il y a, et cela est une chose naturelle, toujours inégalité entre les individus. Comme ceux-ci ont tendance à se rassembler entre eux, car l'homme va toujours vers celui qui lui ressemble le plus, cela crée des classes sociales, des catégories au sein des nations. Certains philosophes prétendent unir leur peuple en une seule catégorie en abolissant les classes sociales. Cette prétention démontre juste à quel point la plupart des penseurs ou plus tôt des biens pensants se trompent, car les classes sociales se créent naturellement au sein d'une nation. On les supprimerait, qu'elles se recréeraient à terme, cela est inévitable. La catégorie ou la classe de loin la plus nombreuse est celle que nous nommons entre nous philosophes d'Utopie, la catégorie amorphe. C'est-à-dire celle composée des individus que nous considérons comme amorphes. C'est-à-dire les hommes et femmes qui de toute leur vie ne s'intéresseront à rien d'autre qu'eux-mêmes. S'ils ont un intérêt ou une passion pour quelque sujet, c'est en générale pour des choses basiques ou primitives, comme les jeux ou la chasse. Nous les nommons amorphes, car en général ils ne font rien par eux même hormis ce qui est nécessaire à leurs affaires quotidiennes. Ceux-là ne chercheront presque jamais s'instruire et s'éduquer, et ne se donneront jamais la peine de faire des réflexions intellectuelles, scientifiques ou philosophiques sur quelques sujets que ce soit. D'ailleurs souvent ils n'en auront même pas l'envie ou l'idée de le faire. Cela les rend facilement influençables et faciles à manipuler. C'est pour cela que dans les nations ou la désignation des chefs ou des autorités se fait par élections, les candidats à la recherche du pouvoir basent leurs campagnes électorales sur la séduction des masses amorphes, d'autant plus que c'est toujours hélas la catégorie de loin la plus nombreuse comme je l'ai déjà dit. Les candidats savent que ces individus n'auront pas la culture et l'intellect nécessaire pour juger de la cohérence ou de l'incohérence de leurs programmes politiques. Ils ne retiendront des programmes politiques ou des discours que les quelques éléments qu'ils jugent bien pour eux-mêmes et non pas pour la collectivité. Ils préféreront juste les idées et doctrines les plus simples, celles qui trouvent un fort écho dans leurs sentiments et non pas dans leurs esprits. Ils se donneront par conséquent pour chefs des flatteurs. Les amorphes laissent leurs vies, leurs attitudes et leurs opinions être guidés par les sentiments plutôt que par la logique. Le vote universel même s'il parait être le fondement des démocraties est en fait un de ses grands défauts. Je dirais même que c'est sans conteste le plus grand de tous les défauts présents dans une démocratie.

Je l'interrogeais sur cette phrase étonnante.
– Je suis citoyen d'un royaume et je connais beaucoup de personnes dans ma patrie qui aimeraient vivre en démocratie et ces personnes ne trouvent pas que le vote universel soit une des tares de la démocratie, mais au contraire sa grande force. L'Utopie elle-même n'est-elle pas une grande démocratie ? Je ne comprends pas votre propos. Mais mon cher Ogygès je vous soupçonne d'avoir une raison parfaitement logique et objective pour dire cela n'est-ce pas ?

Ogygès me fit la réponse suivante, et j'avoue qu'elle me parut fort surprenante au début. Mais au fil des années en y repensant je m'aperçois de la profondeur et de la véracité des propos de mon sage interlocuteur.
– Je comprends que mes paroles vous étonnent, mais en toutes choses ils y la vérité et l'apparence de la vérité. A priori une nation ou le peuple est le souverain et où la majorité édicte les lois par l'intermédiaire d'une multitude de représentants semblent l'idéal à un citoyen d'un pays ou le pouvoir appartient à un seul et où il peut en user ou abuser à volonté. Je vais capitaine vous expliciter mon propos. Un des principaux défauts de l'individu est de se penser et de se croire plus intelligent et plus instruit qu'il ne l'est réellement. Tous les individus ont ce défaut. Chacun pense toujours avoir raison et que

37

les autres ont tort. Donc chaque détenteur ou détentrice du droit de vote sera donc persuadé d'en faire un usage bon et juste pour sa nation et pour lui même, surtout pour lui même. Mais comme je vous ai déjà dit capitaine, la majorité des individus qui composent une nation ne se posent presque jamais de questions et sont peu instruits même dans les pays qui ont un bon système éducatif, comme en Utopie par exemple. Ils sont donc très faciles à manipuler. Un homme ou un groupe d'hommes, ambitieux, un bon orateur par exemple saura promettre à chaque partie de la classe amorphe, car aucun groupe social n'est jamais totalement homogène, ce quelle espère pour elle même et donc l'influencer en sa faveur. De même dans une démocratie la multiplication et la parcellisation des pouvoirs si elle a pour but d'éviter à tous d'être sous le pouvoir et la domination d'un seul à en fait bien souvent comme résultat de multiplier le nombre de personnes ayant un pouvoir sur les autres. Les hommes étant ce qu'ils sont il n'est pas sur qu'il soit mieux pour une nation d'être dirigée par quelques centaines ou quelques milliers d'élus, pas forcement compétents et ni très cultivés, ayant chacun une part de pouvoir qu'il fera tout pour garder le plus longtemps possible et pour augmenter, que par un seul homme qui parfois peut être un grand esprit. Comme par exemple l'était le grand roi Utopus. Je vous l'ai déjà dit mon cher capitaine, les qualités s'additionnent et les défauts se multiplient. L'idéal et le plus logique serait que le droit de vote et le droit de se présenter à une élection s'obtiennent à partir d'un examen de culture générale et de logique très poussé. Cela permettrait d'avoir des élus compétents et cultivés et aussi d'éviter que la masse des votants ne soit manipulée par les candidats aux élections. Seuls ceux qui sont intellectuellement et culturellement aptes à voter devraient avoir le droit de le faire. Sans distinction d'âge, de sexe ou de statut social bien sur. Cela permettrait aussi d'élever le niveau intellectuel et culturel de la nation, car la plupart des citoyens désirant voter, ils devraient pour cela se cultiver et développer leur logique. Je vous l'assure capitaine, le droit de vote pour tous est un grand défaut des démocraties, car dans ce cas même les imbéciles et les béotiens votent. Pour en revenir à notre sujet sachez que les membres de la seconde catégorie qui sont les seconds en nombre, bien que relativement assez peu nombreux, nous les nommons nous autres philosophes d'Utopie, par dérision, les élites. Ceux-là sont suffisamment intelligents pour vouloir se démarquer des amorphes et essayer de se cultiver dans les domaines qui les intéressent. Ce sont eux qui forment en générale les classes dirigeantes des nations démocratiques et aussi des autres.

Je l'interrogeais de nouveau.
– Pourquoi dites-vous que vous les nommez élites par dérision et que voulez-vous dire par les autres aussi ?

– Je veux seulement dire que comme dans les démocraties, les nations où le souverain est unique, comme un royaume ou une tyrannie, celui-ci n'est jamais vraiment seul. Il est entouré de ministres, de conseillers et autres courtisans qui en général proviennent de cette classe dite, par nous, des élites. Toutes les nations du monde en fait sont des aristocraties, même si le peuple n'en a pas conscience, surtout dans les démocraties. Car cette classe qui est la classe dirigeante, est composée des savants, des techniciens, des juristes, des écrivains et de cette race de philosophes hélas trop répandus sur Terre qui confondent le penser beau avec le penser juste.

J'ajoutais alors.
– Mais mon cher Ogygès ce sont bien là les élites des nations. Et les savants, les juristes, les techniciens et autres conseillers moraux sont bien nécessaires aux souverains, non ? Un homme seul, aussi intelligent soit-il, ne peut tout savoir ou penser à tout.

Ogygès me fit un grand sourire et répondit.
– Oui les conseillers moraux et techniques sont nécessaires aux souverains. Mais je vous ai dit que nous autres philosophes d'Utopie nommions ses gens élites par dérision. Les membres de cette classe sont en fait simplement plus instruits et éduqués que ceux de la classe amorphe, plus riches aussi en générale. Mais souvent leur

39

éducation est parcellaire et ils ont une opinion sur la politique, la philosophie et le monde en général qui est filtrée par leur idéologie personnelle ou collective, de classe, et donc qui n'est pas objective. Et souvent, je dirais même presque toujours ils ont une opinion conforme à ce que le souverain du moment attend. Car ces élites cherchent toujours à se rapprocher du souverain pour augmenter leurs influences et leurs pouvoirs. Étant faillibles et ne cherchant pas à ne pas l'être, ils rechercheront leurs intérêts immédiats et non pas l'intérêt général de la nation. S'ils étaient vraiment des élites il n'y aurait aucun problème dans aucune nation du monde. Si en Utopie nous considérons ces gens comme des intellectuels c'est seulement par opposition aux travailleurs manuels. Nous penseurs d'Utopie contrairement à ces élites nous n'avons aucun mépris pour les professions manuelles, beaucoup parmi nous exercent des professions manuelles pour gagner leur pain quotidien, car la profession de philosophe sur notre île comme métier est strictement interdite. Nous philosophes d'Utopie ne considérons pas ces élites comme des philosophes, car ils confondent le penser beau, qui est le fait de penser avec ses sentiments, ses préjugés ses idéologies, avec le penser juste qui et de penser avec son esprit objectif. C'est pour cela que le terme élite a dans la bouche d'un penseur d'Utopie une connotation ironique. Bien sur les savants qui s'occupent uniquement de science ou les techniciens de technique et pas de politique, par exemple sont pour nous Utopiens de vraies élites.

Je poursuivis mes questions.
– Mais alors Ogygès, comment sont les philosophes d'Utopie ?

Sa réponse me foudroya.
– Et bien capitaine je dirais qu'ils sont ou plutôt que nous essayons d'être inhumains. C'est comme cela que nous nous définissons. Certains parmi nous voudraient utiliser le terme de surhumain ou de suprahumain, au sens de au-dessus des défauts et de la faillibilité humaine. Mais nous trouvons l'adjectif suprahumain trop achevé, trop orgueilleux, trop prétentieux même. En fait nous essayons d'être

inhumains, car la perfection n'existe pas. La formation intellectuelle d'un homme n'est jamais finie.

Choqué je le coupai alors pour dire.
– Inhumains ! Ogygès voila un mot terrible et j'avoue que je ne comprends pas du tout votre propos. Comment peut on être philosophe et inhumain à la fois, c'est un paradoxe non ?

– Capitaine à première vue c'est un paradoxe en effet. Mais il ne faut jamais juger du premier coup et il faut aller objectivement au fond de toutes choses. Laissez-moi-vous expliquer capitaine Harrison pourquoi nous utilisons ce terme d'inhumain. Mais pour mieux éclairer mon explication je vous demanderai de répondre à ces questions. Il y a au sein de presque toutes les nations du monde des hommes qui font profession de philosophes ou de penseurs, ou qui en ont l'activité. Or dite moi capitaine quelle est l'acception généralement admise par tous pour le mot de philosophe, ou la profession de penseur ?

Je répondis .
– Hé bien en occident, mais je pense que la définition est valable partout sur Terre, un philosophe est un homme sage. C'est-à-dire un homme ayant à l'esprit en permanence le bien commun, la morale, la justice, le besoin de se questionner sur la nature humaine et sa destinée et toutes les autres notions équivalentes. N'est-ce pas la définition du mot philosophe ?

Ogygès me questionna de nouveau.
– Dites-moi maintenant quelle est la fonction d'un philosophe et comment un homme devient un philosophe ou un penseur.

– Mon cher Ogygès un philosophe est un conseiller pour le souverain et son gouvernement, pour le peuple ou bien pour une personne privée. Sa fonction est d'aider la personne qui le lui demande à prendre une décision juste et conforme à la morale. Quant à la formation d'un philosophe elle consiste principalement à l'étude des doctrines et idées des penseurs qui l'ont précédés et de ceux qui lui sont contemporains. Ainsi que d'observer le monde qui l'entoure pour le comprendre et pour l'expliquer aux autres membres de la société.

– Dites-moi maintenant qui sont en général les hommes qui font profession de philosophes ou de penseurs en occident et ailleurs.

– Beaucoup sont des religieux de différentes confessions, des juristes très souvent, des lettrés en général. En tous cas très rarement un homme dont la nécessite de gagner sa vie quotidienne occupe son temps en permanence. N'est-ce pas la même chose en Utopie ?

Ogygès sourit, visiblement il s'attendait à mes réponses.
– Vous avez raison de dire que les philosophes sont des hommes sages. Mais il faut définir ce qu'est la sagesse et c'est sur ce point fondamental que nous philosophes et penseurs d'Utopie divergeons d'avec ceux des autres nations. Cela vient de la manière dont nous formons nos philosophes. Pour nous la sagesse n'est pas la pensée morale ou belle, mais l'action juste et efficace, pragmatique. L'action juste non pas du point de vue moral, idéologique et spirituel, mais du point de vue logique et intellectuel. Et ce quelle que soit la finalité ou la qualité de cette action. Les nations ont souvent des morales et des doctrines spirituelles différentes les unes des autres. Les membres de ces nations considèrent leurs morales comme allant de soi, car en général c'est la seule qu'ils connaissent. Elles sont transmises de génération en génération par le cercle familial. L'homme hérite sa vie de ses parents. Ces morales se sont formées au fil du temps et de l'histoire de ces nations. Mais au cours de l'histoire un événement quelconque, une guerre, l'arrivée d'un nouveau prophète autoproclamé, un mouvement de population étrangère, une catastrophe naturelle ou autre aurait pu influencer cette morale ou la modifier de tout au tout. Par exemple les enfants dans toutes les nations du monde sont élevés en famille et tout le monde trouve cela naturel et allant de soi. Mais par exemple si la glorieuse cité de Sparte avait crée un grand empire, sont système

social se serait répandu et imposé sur un vaste territoire et pour une grande durée. Les membres de la première génération des peuples conquis se seraient sûrement opposés aux nouvelles lois de l'envahisseur spartiate. Puis au fil du temps chaque génération suivante se serait habituée à ces nouvelles lois. Et ce jusqu'à la génération qui aura oublié l'existence des anciennes lois et coutumes d'avant la conquête et qui aurait le sentiment avoir toujours eu des lois spartiates. Et bien sur ces territoires on considérerait comme normale, légitime, et allant de soi d'élever les enfants en communauté hors des familles après l'âge de sept ans. Pour la religion c'est le même principe. Un individu professe en général la religion de ses parents et ceux-ci la religion des leurs, ainsi de suite sur plusieurs générations. Et cela jusqu'à la génération d'origine qui a commencé à professer cette religion. Un individu ne se pose jamais de question sur sa religion en générale, il pense qu'elle est la meilleure et que tout le monde devrait la professer et la suivre, que tous les autres sont des païens et des mécréants. En général il pense cela sans savoir vraiment comment cette religion est apparue ou bien s'il y en avait déjà une autre avant sur son territoire. Par exemple, plus près de nous dans le temps que les Spartiates et Lacédémone, les cathares auraient pu gagner leurs guerres de religion contre les armées catholiques. Le monde catholique actuel serait un monde cathare. Et tous les habitants des pays où le catharisme serait professé trouveraient cela normal et naturel. Alors qu'au contraire le catholicisme serait vu comme une abominable hérésie heureusement disparue. Puisque vous avez étudié l'histoire capitaine vous savez que les morales, les philosophies ont souvent eu comme terreau les soubresauts et les chaos de l'histoire des nations et des hommes. C'est une chose qu'il faut bien avoir à l'esprit en permanence avant de prendre une décision ou de se faire une opinion sur un pays ou un peuple. Ainsi si un philosophe ordinaire donne un conseil ou prend une décision en fonction de la morale de son pays, il est sûr et certain que dans un pays où la morale est différente ce conseil ou cette décision soit probablement mal comprise, inefficace ou inadéquat, voire néfaste. De même sa décision ou son action n'auront plus de valeur ou d'efficacité si la morale en vigueur dans son pays change.

Mais si le penseur prend une décision ou donne un conseil en fonction d'une logique irréfutable et implacable, vous pouvez être sur capitaine que cela sera efficace au sein de toutes les nations du monde et sûrement aussi à toutes les époques. L'efficacité réelle est la seule mesure, la seule aune à laquelle se réfère un philosophe de mon île. Et à laquelle tout le monde devrait se référer. Et ce, quelque soient les implications morales, matérielles, collectives ou individuelles que cette décision implique. Nous cherchons en quelque sorte à définir et appliquer une métamorale ou une métaphilosophie ou pour dire mieux encore une métalogique, une supralogique. Le terme philosophie étant pris dans son acception première, c'est à dire amour de la sagesse et donc de la logique rien que la logique. N'importe quel philosophe, n'importe quel homme peuvent dire vouloir la paix, la prospérité et la fraternité pour tous et pour chacun. Mais dire par quels moyens logiques y parvenir cela n'appartient qu'aux vrais penseurs, aux vrais philosophes, les suprahumains, les inhumains, détaches des faiblesses humaines. Il est facile de dire et d'écrire de belles choses, mais dire et écrire des préceptes vraiment intelligents et logiques est plus difficile. L'efficacité de l'action doit absolument primer sur la morale. Un penseur formé dans vos nations sera toujours influencé par son environnement et par sa nature humaine. Sa nature humaine c'est à dire par sa faillibilité. Souvent la logique et la morale ne sont pas compatibles dans la résolution d'un problème. S'il y a un conflit entre les propositions qui semblent logiques, mais qui en fait sont seulement morales et entre des propositions réellement logiques vos penseurs choisissent la plus partent du temps les premières propositions, c'est-à-dire les solutions morales. La solution morale sera d'ailleurs la plus facile à appliquer en général car la plus facile à comprendre par la catégorie des amorphes, qui est la plus nombreuse de la population. Une solution logique, mais compliquée sera mal comprise, mal perçue par la masse du peuple et donc mal appliquée, voire rejetée. Or vos penseurs se sentent obligés de tenir compte de l'avis du peuple. Ou en tous cas de faire croire qu'ils tiennent compte de son avis. Nos philosophes en Utopie ne tiennent compte que de l'intérêt présent et futur de la nation et du peuple, mais pas de son

44

avis. Seule l'opinion des membres de la nation aptes à donner un avis réfléchi est prise en compte. Nous autres philosophes d'Utopie considérons, avec orgueil peut être, mais sûrement avec justesse que les philosophes des autres nations de la Terre n'en sont pas vraiment.

Je coupais Ogygès et dit.
– Si je comprends bien votre propos, vous prétendez donc que les philosophes de votre île sont supérieurs aux autres. Mais n'est ce pas prétentieux et cela n'explique pas vraiment pourquoi vous vous définissez comme inhumains ?

– Capitaine toutes les nations sont différentes, certaines sont plus fortes pour le commerce, d'autres pour les arts, d'autres encore pour la guerre, certaines pour rien du tout. Comme celles par exemple situées sur le continent à l'ouest de notre île. Mais nous utopiens essayons d'être les meilleurs pour la philosophie et la réflexion. Car la philosophie permet de guider toutes les autres activités humaines et donc d'être une nation excellente en tout. A condition bien sûr que se soit une bonne philosophie professée par de bons philosophes. Je vais vous expliquer comment nous formons nos philosophes et pourquoi nous utilisons le terme d'inhumain. Nous avons capitaine devisé de la fiabilité inhérente à la nature humaine et bien c'est cela que nous cherchons à dominer, à effacer et corriger chez nos penseurs. Bien sûr nous enseignons à nos élèves philosophes les doctrines philosophiques des autres nations et des penseurs anciens. Cela est nécessaire. Nous leur enseignons l'histoire, les sciences, la littérature, l'art, l'architecture, l'agriculture, etc. L'art de la guerre aussi, car les périodes de guerres sont plus nombreuse que celles de paix et on eues et auront toujours la plus grande influences sur l'histoire des nations, en quelque sorte l'histoire c'est la guerre. Pour nous un penseur doit être le plus cultivé possible pour asseoir sa réflexion sur des connaissances solides et vastes. On ne construit pas un édifice sur du sable. Nous leur faisons pratiquer des travaux manuels aussi pour endurcir leurs corps et leur apprendre la modestie et la vie pratique. Nous ne voulons pas de penseurs pratiquant une philosophie seulement livresque. Nous pensons qu'un homme, au sens noble du terme, en général et un penseur en particulier doit être complet s'il veut appréhender toutes les facettes de la vie et aussi pouvoir être un exemple dans tous les domaines. Mais par-dessus tout nous leur enseignons réfléchir et à penser de manière rigoureuse et logique et à dominer leurs défauts et leurs sentiments avant de développer leurs propres idées philosophiques. Il vaut mieux avoir des idées claires que des idées nouvelles. D'autant plus que les idées que nous croyons nouvelles ne sont souvent que des idées anciennes redécouvertes et mises au goût du jour, aux mœurs du temps. La plupart des philosophes de vos nations se contentent d'inventer des mots nouveaux pour parler de choses que l'on connaît déjà. Ils s'imaginent être des découvreurs de la pensée. En Utopie nous insistons en permanence auprès de nos élèves sur le fait qu'ils ne doivent avoir ni professer d'idéologies, mais seulement des idées. Nous nommons cela l'anideologie. Un philosophe un penseur ayant une idéologie, une doctrine aura tendance à penser qu'elle est la meilleure et il cherchera à l'imposer à tous. Cette idéologie sera la référence de toutes ses réflexions, ses propositions et ses actions. Elle sera parfois si ancrée en lui qu'elle sera comme un miroir déformant. Elle lui fera voir la réalité, les événements et les idées des autres penseurs de manière déformées et fausses. Lorsqu'un homme à une idéologie ou une doctrine, il refusera presque toujours de la remettre en cause et d'en changer ou de la modifier ne fut-ce que légèrement? Accepter un changement serait admettre qu'il a eu tort et cela est une chose difficile à faire pour un homme ordinaire. Vos penseurs se croient des philosophes, car ils ont découvert parmi les idéologies ou les philosophies des penseurs qui les ont précédés une qui leur plaît ou bien une qui convient à leurs mentalités individuelles. Ils se contenteront par la suite de l'adapter aux nécessités de leurs temps. Un des nos anciens penseurs à dit, « Les hommes sont légers dans la manière dont ils choisissent leurs convictions, mais farouches dans la manière de les défendre ».

Je coupais Ogygès pour dire.
– Oui c'est vrai qu'un homme, quel qu'il soit pense toujours être dans le vrai, je l'ai souvent constaté dans ma vie. Et moi aussi j'ai ce

défaut je l'avoue. Mais j'essaie de lutter contre. Le facteur humain comme ont dit. Je dirais même l'abominable facteur humain, car celui-ci ne semble être que négatif.

Ogygès poursuivit.
– Capitaine Harrison vous avez parfaitement raison de vouloir corriger vos défauts, mais il existe aussi du positif dans le facteur humain. Et c'est ce positif que nous cherchons à développer chez nos penseurs. Comme dans les autres nations, l'utopie possède des écoles de philosophie. Mais contrairement à vos nations où les philosophes et les penseurs sont le plus souvent issus des classes aisées et donc déjà instruites, nous cherchons en Utopie à recruter nos penseurs dans toutes les couches de la population. Cela est possible par le fait que le système éducatif utopien est très développé. Bien sûr nous avons nous aussi une classe de citoyens que nous nommons, entre nous, amorphes, mais elle est un peu plus éduquée et surtout plus disciplinée, plus auto disciplinée que dans les autres pays. Nous formons nos penseurs lorsque ceux-ci ont déjà un certain âge est donc une bonne expérience de la vie. Et non pas comme dans les autres nations directement dans le cursus normal des études. Car nous pensons en utopie qu'un homme qui serait formé trop jeune dans l'art de penser n'aurait pas acquis assez de savoir et d'expérience sur la nature humaine pour pouvoir faire la différence entre la théorie des cours et leurs pratiques dans la vie courante et réelle. Ainsi sur notre île un homme ou une femme d'Utopie doit accomplir un acte volontaire pour s'inscrire dans une école de formation philosophique de sa ville ou de sa région. Cela est une incitation à démontrer sa volonté d'amélioration personnelle. Un élève philosophe doit conserver son métier ou son activité pendant toutes les années de son apprentissage philosophique et même après. Et bien entendu il appartient aussi à notre armée de conscrit. Pendant son apprentissage nous complétons la formation culturelle de l'élève. Nous lui enseignons les idées des penseurs anciens et étrangers. Mais surtout nous donnons à nos élèves des exercices pratiques, et c'est là où la différence entre notre manière et la votre de former les penseurs diffère fondamentalement. Ces exercices sont basés sur des

événements réels. Nous mettons nos élèves en face d'un problème et nous leur demandons de le résoudre en faisant abstraction de toutes considérations morales, idéologiques ou sentimentales. Nous mettons vingt ans à former nos philosophes, comme d'ailleurs les Celtes mettaient vingt ans à former leurs druides.

Une fois de plus je coupais Ogygès et dit.
– En fait vos penseurs sont plus des administrateurs pragmatiques que des philosophes théoriciens.

– Oui capitaine c'est exactement cela, vous avez trouvé la bonne définition !
Je vais vous donner un exemple qui couronnera mes explications concernant la formation de nos penseurs. Il y a quelques années deux peuples voisins de l'Utopie se faisaient la guerre. Ces deux peuples, avec qui nous avions de bonnes relations, dépêchèrent tous deux une délégation à Amaurote notre capitale pour nous demander de l'aide contre leur ennemi respectif. Le directeur du centre de formation philosophique de notre capitale y vit la une bonne occasion d'exercice à soumettre à ses élèves. Un philosophe étranger, dont je tairai le nom et qui était en visite dans cette école de philosophie fit la proposition suivante. Il voulait envoyer une très puissante armée utopienne s'interposer entre les deux autres armées belligérantes pour éviter qu'il y ait des combats et des victimes. Nos élèves philosophes proposèrent une autre solution, qui d'ailleurs se révéla la même que celle choisie par notre gouvernement. Jugez du fait capitaine que si nous nous étions interposés militairement, la guerre entre ces deux nations aurait repris inévitablement au départ de notre armée. Car les causes de leur conflit existaient toujours. Il y aura eu finalement un vainqueur et un vaincu. Le vaincu aurait eu sûrement des velléités de vengeance et une génération plus tard, le temps de refaire ses forces, le conflit aurait repris. Et donc ce conflit aurait fait plus de victimes encore et de destructions. Occupés à leur guerre ces pays ne pouvaient plus faire de commerces et représentaient un danger et un gène pour tous leurs voisins. Il fallait donc une solution mettant un terme définitif à ce conflit et aussi empêchant tous conflits futurs. La

solution appliquée par le gouvernement d'Utopie fut donc d'aider militairement un des deux camps à vaincre l'autre. Nous avons aidé le plus fort à vaincre complètement les armées et le peuple de plus faible. Si nous avions aidé le plus faible contre le plus fort pour des raisons morales ou pseudo philosophiques, notre intervention militaire aurait duré plus longtemps, aurait été plus dure et plus meurtrière pour nous et pour le camp le plus faible. Et aussi économiquement plus cher et la gène pour les pays voisins aurait duré plus longtemps. Le pays vainqueur et devenu en prenant le territoire du vaincu plus fort et plus riche. Et surtout la paix et la prospérité règnent dans cette région désormais.

Je dis à Ogygès.
– Que voulez vous dire Ogygès par vaincre le peuple aussi ?
– Hé bien capitaine les armées sont issues des peuples, les gouvernements qui décident de la guerre aussi. Les peuples sont composés d'individus. Et je vous assure que tout le bien ou le mal procède de l'homme, de l'individu. Si on ne peut pas améliorer les individus d'un peuple, il faut faire en sorte, et par n'importe quelle méthode que les mauvais hommes soient le moins nombreux possible. Parfois cela est tout un peuple ou presque qui pose problème. Je vous laisse deviner ce que cela signifie et implique vraiment. Les solutions les plus belles et les plus immédiates ne sont pas forcement le meilleur. En toutes choses il faut considérer la fin, la fin raisonnable.

Je dis indigné.
– Je comprends, mais cela est terrible dans ces conséquences une telle attitude !

– Capitaine les conséquences dans ce cas présent étaient la fin totale des conflits dans cette partie du monde. Si nous avions suivi les conseils du philosophe ordinaire dont je tairai le nom, la guerre avec tous ses malheurs perdurerait encore. C'est comme cela en tous cas que nous formons nos philosophes. Et jusqu'à récemment l'île d'Utopie s'en est bien trouvé, c'est la preuve irréfutable que notre méthode est la bonne. Vous comprenez maintenant l'utilisation du mot inhumain ? Nous formons nos philosophes pour qu'ils s'élèvent en permanence au-dessus de la nature humaine. Au-dessus de la faillibilité de la nature humaine.

Je dis ensuite.
– Intellectuellement je comprends, mais moralement, sentimentalement cela est difficile à admettre.

– Oui capitaine je comprends que ce soit sentimentalement et moralement difficile à admettre. Cela vient du fait que vous avez reçu une éducation normale et non pas une éducation à l'utopienne. Si vous étiez nés sur notre île, vous trouveriez tout cela normal, car ce serait une manière de voir que vous auriez apprise dès votre jeune âge. Et ce sont les manières de faire des philosophes étrangers qui vous sembleraient incompréhensibles et inefficaces. Ainsi donc il y a dans toutes les nations du monde comme je vous l'ai dit capitaine trois classes d'individus. Les amorphes, ceux que nous nommons les élites, et les inhumains. Ou les suprahumains si vous préférez ce terme capitaine. Il est facile de constater qu'un homme qui appartient à l'une de ces deux premières classes, les amorphes et les élites cherchera toujours à améliorer sa vie matérielle, paraître plus qu'il n'est vraiment, plus riche, plus beau, plus intelligent, etc. Au contraire des hommes de la troisième classe, les inhumains, qui auront, s'ils sont bien formés, comme soucis constants d'améliorer leurs qualités morales et intellectuelles et aussi les gens et le monde qui les entoure. Et ce sans se préoccuper de considérations morales, ou sentimentales. Hélas sauf peut-être sur mon île cette troisième classe est dans les autres nations souvent très peu nombreuse. Trop peu nombreuse en fait. L'idéal serait une nation, ou un monde composé uniquement d'individus appartenant à cette troisième classe. Pour conclure je vous dirais que nous disons sur mon île, « Obéit à tes supérieurs, discute avec tes égaux, ordonne à tes inférieurs et tout ira bien ». Ce qui signifie qu'un homme doit être suffisamment intelligent et instruit pour reconnaître et accepter l'autorité des

50

hommes qui lui sont supérieurs, rechercher les conseils de ses égaux, et savoir reconnaître ceux qui lui doivent absolument obéissance. Le problème est que chacun se croit mieux qu'il n'est en vérité, et donc refuse l'autorité naturelle de ses supérieurs, et se croit autorisé à donner des conseils ou des ordres aux autres. Voyez-vous capitaine, c'est le facteur humain. Tout dans les nations procède de l'humain, il est le bon et le mauvais de toutes choses. Les problèmes ne proviennent pas des arbres, des villes des animaux, ou des pierres, mais des mauvais hommes, des hommes ordinaires. Les objets, les organisations, les lois par eux-mêmes ne sont ni bons ni néfastes, ils ne prennent de sens et de valeurs que dans la main de l'homme qui les utilise. Oui l'homme est l'alpha et l'oméga de son univers. Une nation ne connaît de limite que celle de ses hommes. En conséquence pour que tout aille bien il faut sans cesse essayer d'améliorer l'humain, l'individu. Car voyez-vous capitaine, l'important dans un pays c'est la qualité de son peuple. Quel que soit le système d'organisation politique et administratif d'une nation ou d'un pays, si les gens du peuple ne sont pas intelligents et honorables ils chercheront à profiter et abuser de ce système et par conséquent amplifieront ses défauts et amoindriront ses qualités. Dans le cas contraire, c'est-à-dire si les gens sont intelligents et conscients de leurs devoirs, alors, chacun à son niveau essayera au quotidien de faire en sorte que le système fonctionne bien. Donc les défauts du système seront compensés par l'addition de toutes les actions positives individuelles.

– Oui vous avez raison Ogygès, mais n'est-ce pas la une tâche impossible ? Un simple rêve de philosophe ?

– Capitaine, comme disait le philosophe romain Sénèque, on ne fait pas les choses parce qu'elles sont impossibles, mais elles sont impossibles parce que nous ne les faisons pas. Si l'amélioration de l'humain n'est pas possible, ou tout au moins extrêmement difficile, il faut au moins veiller à ce que les mauvais humains soient au sein d'une nation les moins nombreux possible. En utilisant pour ce faire

51

la méthode la plus logique et la plus efficace possible, quelles que soient ses implications morales.

Je laissais mon interlocuteur pour reprendre la barre de l'Athanor. Mon navire remonta ensuite la côte Est de l'île pour arriver dans un port de la mer intérieure. Il y a beaucoup de ports au Sud et à l'est de l'île, sur la côte extérieure, mais celui-ci avait été choisi par Ogygès, pour des raisons qu'il ne me dit pas, mais qui étaient sûrement très importantes pour sa mission d'étude. Il aurait été possible aussi d'accoster directement à Amaurote en remonte le fleuve Anydre situé sur la côte sud. Il me faut rappeler ici que l'île d'utopie qui à 200000 pas dans sa plus grande largeur soit 50 lieux, ressemble à un croissant de Lune. Les pointes de se croissant situés vers le Nord Ouest, sont si proches, seulement 11000 pas, quelles forment une sorte de mer intérieure d'environ 25 lieux de large dans sa plus grande largeur, et très bien abritée des tempêtes. Pour franchir les écueils nombreux à l'entrée de cette mer je dus faire appel à un des nombreux pilotes utopiens spécialisées dans ce travail. Entre les pointes, après les écueils du côté intérieur de la mer se trouve une toute petite île nommée Palianisi sur laquelle est sise une très grande et très puissante forteresse qui d'après les dires d'Ogygès avait été transformée en prison quelques années auparavant. C'est à partir de ce point que je repris la barre de mon navire pour traverser cette mer. Après un peu moins d'une demi-journée de navigation en direction du Sud l'Athanor atteignit le port choisi par Ogygès. Là, aidé par une pilotine j'amarrais mon navire à un des quais. Ce port et ses installations hormis l'ordre et la propreté qui y régnait, ne différait en rien des autres ports que j'avais connus au cours de mes voyages aussi il est inutile de s'attarder à en faire sa description. Le port était entouré par la ville et Ogygès m'affirma que toutes les villes d'Utopie, il y en a 54, y comprit Amaurote la capitale était plus ou moins semblables, car bâtie dans la mesure du possible sur le même plan d'urbanisme. Bien sûr en prenant en compte les considérations géographiques locales. Un plan logique et raisonné définit avec intelligence par Utopus lui même après la conquête. Affirmation que je pus constater moi même lors de mon voyage vers la capitale de l'Utopie. Je décrirais ici cette ville portuaire. Cette ville nommée Orphaleze adoptait pour sa partie ancienne la forme plus ou moins régulière d'un carré de 2000 pas de côté. Les rues larges de 20 pieds se croisaient à angles droits formant ainsi un vaste quadrillage. Les rues étaient bordées de maisons à trois étages, chacune ayant un petit jardin collectif situé derrière. Dans les rues se trouvaient aussi les anciens hôtels de famille où les utopiens prenaient leur repas ensemble. Il y avait aussi dans la ville les quatre marchés principaux et les bâtiments administratifs ainsi que les entrepôts divers nécessaires à l'apprivoisement de la population. Le nombre des petits ateliers, transformant les marchandises apportées par bateaux ou provenant de l'intérieure des terres étaient importantes, beaucoup plus que dans les villes éloignées des côtes. La cité était entourée par une haute et forte muraille renforcée régulièrement de petits fortins. Pour cette cité, la muraille englobait aussi le port. La cité était pourvue d'un réseau d'aqueducs qui apportait l'eau aux fontaines de chaque quartier. Un vaste réseau d'égouts évacuait les eaux usées et les eaux de ruissellement. Toutes les rues et les places étaient très bien pavées et propres. Tout cela est le signe d'une haute et vraie civilisation. Mais la cité était entourée d'un gros faubourg composé de maisons individuelles ou de petits immeubles construits dans un style très différent de celles composant la ville intra-muros. Ces faubourgs présents dans chaque ville d'utopie formaient comme me le dit plus tard Ogygès les nouveaux quartiers. Ces nouveaux quartiers me semblaient construits sans aucun plan d'ensemble ni aucune cohérence. De même je pus me rendre compte que la muraille et les Fortin ceinturant la ville étaient en mauvais état ainsi que beaucoup de bâtiment public, notamment les hôtels qui servaient aux utopiens à prendre leur repas collectif. J'eus toutes les explications sur cet état de fait pendant mon séjour à Amaurote la capitale de l'île. J'ajoute que cette description peut s'appliquer à toutes les autres cités de l'île, y compris la capitale.

Livre quatrième

Juste après l'accostage Ogygès quitta l'Athanor en me promettant de revenir bientôt pour me conduire vers la capitale de l'Utopie et me la faire visiter. J'ignore où Ogygès était parti car il ne m'en dit rien, mais il revint après deux jours d'absences. Ce fut une période que je mis à profit pour m'occuper de mon navire et faire un peu de commerce. A son retour Ogygès me dit qu'il avait fait préparer une charrette, tractée par des mules, pour me conduire vers Amaurote à seulement deux petites journées de route. Je laissais mon navire sous la direction de mon second. Nous partîmes tôt le matin suivant. Ogygès dirigeait lui même la charrette. Mon interlocuteur mit à profit ce voyage pour compléter ma formation au sujet de l'Utopie et de son peuple. La région que nous traversions comportait surtout des champs de cultures variés et de petits villages. Je fis remarquer en chemin que la route sur laquelle nous roulions était de très bonnes qualités. Sans trous, régulièrement bordés d'arbres ombrageux, bien bornés et que dans toutes les nations que j'avais visitées je n'en avais rarement vu de telle.

Ogygès me dit alors.
– Hélas capitaine toutes les routes d'utopie ne sont pas ainsi. Avant, il y a quelques années, oui toutes les routes, les chemins, les ponts de l'île étaient parfaitement entretenus. Chaque région, chaque cité entretenaient grâce à des volontaires les routes et chemins présents sur son territoire. Des esclaves c'est-à-dire les prisonniers de droit commun étaient aussi utilisés pour l'entretien des routes et ouvrages importants. Mais uniquement dans les secteurs les plus difficiles ou les plus dangereux. Désormais le nombre des volontaires a diminué de manière drastique. Donc actuellement seules les régions et cités ayant beaucoup d'esclaves sous leurs contrôles peuvent, avec l'aide de travailleurs payés, entretenir les routes et ouvrages publics. Comme cela se passe dans votre pays capitaine, les esclaves en moins. Vous ne savez dans vos nations utiliser la main-d'œuvre

criminelle. Vous vous contentez stupidement de les enfermer. Vos criminels vous coûtent cher et souvent au sortir de geôles ils récidivent, multipliant ainsi le nombre de crimes commis dans votre pays.

J'interrogeais alors Ogygès
– Mais expliquez moi donc Ogygès pourquoi il n'y a plus de volontaires pour ce genre de travaux d'entretien nécessaires à la collectivité ? Je pensais que les utopiens étaient disciplinées et très solidaires.

– Oui ils l'étaient. Mais tout change, rien ne dure en ce bas monde. Je vous ai dit dans la taverne du Lion vert que les utopiens avaient changé leur manière de voir le monde et donc celle d'appréhender leurs lois et leurs coutumes. Une très grande part de ce changement vient du fait suivant. Quand les étrangers résidants étaient peu nombreux sur l'île d'Utopie, il était facile de les impliquer dans les nombreuses actions de bénévolat entreprises par le peuple utopien. Ainsi que de leur faire respecter les lois, les coutumes et la morale de notre nation. Mais lorsque leur nombre crût de façon importante, la chose devint plus compliquée et difficile. Lorsqu'un étranger est seul, les autochtones peuvent le considérer simplement comme un homme. Et cet homme sera facile à intégrer aux autochtones, car il n'aura plus ou pas de contacts, de relations ou de références à son peuple d'origine. Un homme seul se sent faible en général, dans toutes les situations. Mais si les étrangers sont nombreux, ils forment de fait une communauté. Et dans ce cas les autochtones ne considèrent naturellement plus les étrangers individuellement comme des hommes, mais avant tout comme membres d'une communauté, une communauté étrangère. Une communauté à plus de tendance et de facilité à conserver le contacte avec sa nation d'origine. Un homme, et cela est naturels se sentira plus proche des gens de sa communauté que de ceux de son pays d'accueil. L'influence de sa communauté sera forcement très fort. Si les membres de cette communauté étrangère sont respectueux des lois et coutumes de la nation d'accueil, cela ne posera aucun problème. Mais l'esprit communautaire est une puissance psychologique et sociale très forte. D'une force proportionnelle à la taille et à la culture de cette communauté. Une communauté a naturellement tendance à se donner des chefs. Chefs qui d'ailleurs auront intérêt à favoriser leurs communautés au détriment de la nation d'accueil pour en conserver la direction. Un homme seul s'il a des enfants les éduquera pour être des membres intégrés à part entière de la nation dans laquelle il vit. Mais s'il est membre d'une forte communauté, cette éducation d'intégration sera très difficile, voire impossible. Tout simplement parce que ses enfants côtoieront les enfants des autres membres de la communauté. Et il est certain que tous ces enfants n'auront pas été éduqués pour être intégrés. Certains seront mêmes éduqués dans le souvenir et la nostalgie voir la vénération de la patrie d'origine. Nous insistons en Utopie pour que les enfants d'étrangers qui naissent sur notre île aient des prénoms en usage chez nous. Pour pouvoir ainsi favoriser l'intégration et l'homogénéité. Mais plus une communauté étrangère est nombreuse plus ces membres donnent à leurs enfants nés sur l'île des prénoms de leur nation d'origine. Bien entendu cela dépend des parents, tous les cas individuels sont différents. Mais il y a des tendances universelles que l'on peut observer partout sur Terre. Donc si la communauté est nombreuse et si tous ces membres n'ont pas été éduqués ou conditionnés pour avoir une forte volonté d'intégration, ils auront une très forte influence sur ceux de ces membres qui pourraient s'intégrer, et intégrer leurs descendants. Une communauté peu ou pas intégrée aura naturellement tendance à favoriser ses intérêts propres, et éventuellement les intérêts de sa patrie d'origine, aux dépens de ceux de la nation d'adoption. Il sera donc difficile de faire participer ces étrangers aux travaux collectifs ou bénévoles de la nation d'accueil. Sauf si ces travaux représentent un intérêt particulier pour cette communauté, ce qui en fait est très rarement le cas. Bien entendu plus les différentes communautés étrangères seront nombreuses plus les difficultés d'intégration le seront aussi. Il y aura aussi des tensions et de la concurrence entre ces communautés étrangères. Si un peuple peut avoir des affinités particulières avec un autre, il ne peut en avoir avec tous. La présence et la multiplication de communautés étrangères au sein d'une nation va à l'encontre du principe l'homogénéité. Principe qui est comme je vous l'ai expliqué le fondement principal et naturel des nations. Je vous ai dit aussi capitaine sur l'Athanor que les nations comportent des individus forts et des faibles. Les individus forts cherchent souvent à tirer avantage d'une situation pour leurs profits. Les faibles se laissent influencer, ou bien n'ont pas naturellement la force morale d'accomplir leurs devoirs. Le devoir étant bien sûr de faire passer les intérêts de la nation avant ses intérêts propres. On peut considérer d'ailleurs le devoir, et son corollaire l'honneur comme étant l'inverse de la faillibilité. Donc si les institutions ne sont pas ou plus assez fortes pour maintenir les individus dans l'accomplissement de leurs devoirs, les gens feront ce qu'ils veulent. Si les étrangers décident parce qu'ils se sentent assez fort, de ne pas accomplir leurs devoirs, ou de ne pas totalement respecter les lois de la nation d'accueil, ils pourront être un exemple pour les autochtones. Et plus il y aura de communautés étrangères plus il y aura de mauvais exemples. Certains donc décideront d'imiter les étrangers. Les forts pour en tirer un avantage individuel quelconque, les faibles parce qu'ils y verront une bonne excuse pour ne pas accomplir leurs devoirs de citoyens. Certains même encourageront les étrangers dans leur attitude pour ainsi avoir une excuse plus forte pour ne pas accomplir leurs devoirs. Ou bien pour leurs propres intérêts. Il y a au sein de la nation d'Utopie des communautés étrangères qui au fil du temps sont devenues nombreuses et puissantes. Elles ont donc fortement influencé les autochtones. D'autant plus que certains étrangers sont arrivés à des postes de pouvoir dans notre pays, positions qu'ils ont pour la plupart utilisées pour le profit de leur communauté d'origine. Certains autochtones ont été influencés en permanence, d'autre plus nombreux, ont subi une influence occasionnelle. Ce sont d'ailleurs ceux-là qui paradoxalement représentent la plus grande atteinte à la cohésion de la nation. Un individu ayant en permanence une attitude différente sera vite repéré par les autres. Ils pourront donc se méfier de son attitude et de ses actions. Ils pourront aussi compenser et corriger ses actions pas leurs propres actes individuels et collectifs. Mais lorsqu'un individu est influencé de manière ponctuelle et occasionnelle, il est moins repérable. Son action sera aussi moins visible, car un jour il fera une chose et un autre jour une autre chose. La plupart du temps cela sera une non-action, c'est-à-dire qu'ils ne feront pas ce qu'ils ont à faire pour accomplir leurs devoirs. Ils diront, « Pour une fois je ne ferais pas ceci, pour une fois je ne ferais pas cela ».

Tous ces « Pour une fois » cumulés dans le temps et sur l'ensemble du territoire de la nation finissent par détruire les bonnes habitudes des citoyens. Le « Pour une fois » a détruit et fait chuté plus d'empires, de nations et de peuples que les guerres et les invasions à travers l'histoire du monde. Ainsi petit à petit les habitants de l'Utopie ont pris des mauvaises habitudes. C'est à dire des habitudes non compatibles avec nos lois, nos institutions et nos coutumes. Et c'est pourquoi nous ne trouvons presque plus de volontaires pour effectuer les tâches nécessaires à la vie collective. Nous sommes obligés d'utiliser de la main-d'œuvre payée. Voilà capitaine pourquoi de nos jours les routes, les ponts et autres bâtiments collectifs d'Utopie ne sont plus tous dans un parfait état.

J'interrogeais alors Ogygès.
– Vous voulez dire Ogygès que tous les problèmes de l'Utopie actuelle viennent de la présence d'étrangers sur son sol ? N'est ce pas de la xénophobie ? Ces propos m'étonnent de la part d'un philosophe.

Il répondit.
– Ne vous étonnez pas capitaine. Un honnête homme instruit et éduqué ne doit jamais s'étonner de rien dans aucune circonstance. L'étonnement doit être laissé à la catégorie des amorphes et des incultes de chaque nation. Et même s'il lui arrivait d'être étonné il ne doit jamais le montrer. Quand à la xénophobie c'est le fait d'être contre des étrangers sous prétexte qu'ils sont étrangers or dans ce cas il s'agit surtout d'être contre leurs attitudes. Il est extrêmement facile pour un étranger d'accuser un autochtone de xénophobie. Si on ne peut légitimement en vouloir à un homme d'être un étranger, car personne ne choisit son lieu ou son peuple de naissance on peut par contre tout aussi légitimement lui en vouloir pour son attitude

personnelle, car de cela il est le seul responsable. Et c'est la même chose pour un étranger seul ou pour toute une communauté. Mais je comprends votre question, et je vais vous expliquer. Le vrai problème vient de la différence d'attitude. Tout simplement parce que les populations étrangères présentes sur l'île n'ont pas la même attitude que les autochtones. Et aussi dont une partie des autochtones a changé ses propres habitudes. Rappelez-vous capitaine Harrison ce que je vous ai dit sur votre navire, « Il n'y a pas de bonheur sans ordre, pas d'ordre sans autorité, pas d'autorité sans unité et pas d'unité sans homogénéité ». Chaque principe découle en toute logique du précédent. Puisqu'il n'y a plus d'homogénéité dans l'attitude générale et particulier des habitants de l'île, quelles que soient leurs origines, il n'y a donc en fin de compte plus de bonheur. Si pour votre navire le bonheur consiste dans l'arrivée à bon port, pour une nation cela consiste dans un bon fonctionnement. Le bon fonctionnement, et vous serez d'accord avec moi capitaine, c'est le fait que chaque habitant de la nation puisse se nourrir correctement, avoir un toit pour lui et sa famille et que la sécurité individuelle et collective soit assurée. Il faut aussi qu'il n'y ait pas d'oppression visible ou cachée de quelques un sur la majorité et que tous puissent participer librement à la direction des affaires publiques, et avoir accès à l'éducation et à la culture. La nation d'utopie a possédé pendant des générations un fonctionnement parfait. Tous les habitants contribuaient et participaient avec enthousiasme à ce fonctionnement. De nos jours ce fonctionnement est hélas défaillant. Comme vous avez pu le constater. Et comme vous le constaterez encore tout au long de notre voyage vers Amaurote notre ville capitale.

J'interrogeais de nouveau Ogygès
– Mais comment se fait il que les étrangers soient devenus si nombreux sur votre île ?

– Voyez-vous capitaine cela tient aux institutions de l'Utopie elles-mêmes. Nous avions pour règle de faire en sorte que chacune des villes et des régions, ou districts d'Utopie aient en permanence le même nombre d'habitants. Ce nombre avait été choisi par Utopus lui même à l'époque de la conquête de façon à ce que chaque région et chaque ville aient suffisamment d'habitants pour disposer d'une main d'œuvre abondante et suffisamment diversifiée, mais suffisamment peu pour être contrôlée et dirigée facilement par les autorités. Et aussi pour faciliter les relations humaines. Si le nombre d'habitants d'une ville est trop élevé, les citadins ne se connaissent plus, cela est mauvais pour l'esprit d'unité et de solidarité. Mais s'ils sont trop peu nombreux au contraire il n'y a pas assez de personnes nouvelles, alors tout le monde finit par trop se connaître et cela créer des tensions. Et la main d'œuvre n'est pas assez nombreuse pour accomplir de grandes choses. Il faut pour les individus un savant dosage de stabilité et de nouveauté dans ces relations sociales. Et même d'ailleurs dans le déroulement de sa vie en générale. Donc pour ce faire nous déplacions régulièrement les habitants des régions ou des villes surpeuplées vers celles qui l'étaient moins. Nous veillions aussi à ce que l'île entière possède un nombre d'habitants stable. Parfois il arrivait que toutes les régions d'Utopie soient surpeuplées. Dans ce cas nous avions pour habitude de créer des colonies sur d'autres îles ou sur le continent pour exporter le trop-plein de population de l'Utopie. D'ailleurs pour une nation l'exportation d'une partie de sa population est le seul vrai moyen de conquérir de nouveaux territoires. Nos colonies étaient principalement de trois types. Celles où le territoire à coloniser était vide à l'origine, celles où les habitants étaient peu nombreux et enfin celles densément peuplées. Pour le premier type, il n'avait pas de problème. Pour le second parfois les utopiens se sont mélangées aux autochtones, en imposant nos institutions soit parfois nous avons vécu simplement à côté d'eux. Pour le troisième type, il a fallu faire la guerre, une guerre de conquête. Et ensuite après la victoire soit il restait des habitants d'origines et donc nous nous retrouvions dans le même cas que le second type soit il n'avait plus d'autochtone et donc c'était le même cas que le premier type. Dans tous les cas la colonie avait strictement les mêmes institutions et coutumes que l'Utopie. L'île d'Utopie bien sûr conservait le contrôle général de l'ensemble. Il arrivait aussi parfois que la population globale de l'Utopie diminue.

Pour conserver un nombre d'habitants stable sur l'île, il nous arrivait donc d'abandonner certaines colonies et de rapatrier ses habitants. Les habitants de la colonie c'est-à-dire les utopiens installées ou nées sur place et les autochtones qui avaient adopté nos mœurs. Ou bien ceux ou celles qui c'étaient mariés avec un conjoint utopien. C'est de la, combiné avec le développement de la navigation et du commerce qu'est venu l'augmentation de la population étrangère présente sur l'île d'Utopie. Ces étrangers issus de nos colonies bien qu'éduqués et civilisés par nous avaient d'ailleurs une attitude différente vis-à-vis de nos mœurs et de nos lois. Cela dépendait du fait de savoir s'ils étaient nés avant ou après l'époque de la colonisation et donc s'ils avaient été plus ou moins longtemps en contacte avec nos mœurs et nos lois. Ainsi ceux qui étaient les moins adaptés à nos mœurs prirent une fois installées en Utopie quelques libertés avec le respect de nos lois. Et c'est ainsi que les communautés étrangères commencèrent à avoir une influence sur le peuple utopien.

J'interrogeais alors de nouveau Ogygès.
– Mais dites-moi Ogygès, les utopiens qui vivent en dehors de l'Utopie ont elles aussi une influence sur les habitants de leurs lieux de résidence non ?

Il répondit.
– Oui capitaine, mais les utopiens ont en général un niveau de culture tel que leurs influences soit positives ou neutres. Nous apprenons à respecter et comprendre les autres cultures. Nous apprenons aussi à ne pas forcement croire que notre culture ou nos institutions sont les meilleurs. Mais cet état d'esprit n'est en général pas celui des autres peuples.

Je confirmais alors ces propos.
– Oui c'est vrai Ogygès je l'ai constaté dans tous les ports ou j'ai jeté l'ancre au cours de ma carrière de marin.

Le soleil se couchait, la lumière laissait lentement la place au sombre. Nous fîmes halte pour la nuit dans une auberge. Elle était propre et bien en ordre, exemple typique de la civilisation utopienne. Elle était remplie d'utopiens qui se rendaient ou revenaient de la capitale. Il y avait aussi beaucoup de commerçants étrangers. Après avoir déposé nos affaires dans notre chambre, avec Ogygès nous prîmes notre repas du soir dans la grande salle de l'auberge et cela nous permit de poursuivre notre conversation.

Je le questionnais.

– Dites-moi Ogygès, je pensais que les utopiens n'avaient pas d'auberges et qu'ils n'avaient pas non plus le droit de voyager à l'intérieur de l'île ? Un fait qui m'avait d'ailleurs paru fort étonnant dans le récit de Thomas More ou plutôt de Raphaël Hythloday.

– Vous avez raison capitaine. Avant, c'est-à-dire il y a quelques années un utopien devait pour se déplacer à l'intérieur de l'île demander une autorisation au chef de son district. Et son déplacement se faisait de ferme en ferme et de ville en ville. Il n'y avait effectivement pas d'auberge et le métier d'aubergiste n'existait alors pas. A chaque étape le voyageur devait travailler dans son lieu d'arrêt en pratiquant sa profession. Il gagnait ainsi son pain quotidien. Cette manière de faire permettait ainsi de contrôler les mouvements de populations au sein de l'île et d'éviter qu'il y ait un trop grand nombre de personnes inactif en même temps sur les routes. Mais nous avons décidé, c'est-à-dire le conseil de l'île, que cet état de choses devait changer. En effet les étrangers, de plus en plus nombreux sur notre île devaient voyager en permanence pour leurs affaires, et ils avaient l'habitude d'avoir des auberges ou des hôtels chez eux. Ils avaient donc des difficultés à se déplacer en Utopie. De même nous nous sommes aperçus que le fait de ne pouvoir voyager sur l'île sans autorisation ne se pratiquait qu'en Utopie et nulle part ailleurs sur Terre. Toutes les nations ont des lois différentes, parfois, les mêmes causes entraînant les mêmes effets, elles sont identiques pour plusieurs pays, mais si toutes les nations du monde sans exception permettent à leurs populations un déplacement libre c'est que toutes doivent y trouver leurs comptes. Et après tout il est naturel pour les membres d'une nation de pouvoir voyager et se déplacer sur leur propre territoire pour leurs affaires ou tout simplement pour visiter leurs familles. Le système utopien est apparu au conseil de direction de l'île comme n'étant plus adapté à l'époque actuelle, il datait en effet de la période ou le sage Utopus régnait sur notre l'île. Le monde était différent en ces temps-là et si certaines institutions ou lois peuvent avoir une durée très longue car basées sur des principes qui changent ou évoluent lentement, d'autres doivent au contraire être actualisées et modifiées en permanence. Car celles-ci sont fondées sur des principes ou des éléments qui changent plus rapidement. Dans tous les cas les lois doivent être adaptées au monde dans lequel elles doivent s'appliquer. L'élaboration des lois doit se faire sur la base de la réalité du monde et non pas de théories ou d'idéologies. Le conseil a aussi estimé que la mise en place d'une grande quantité d'auberges ou de services équivalents pouvait créer un nouveau domaine dans l'économie de l'île. Domaine qui existait déjà dans les autres pays. Mais bien entendu ce nouveau domaine fut strictement réglementé et adapté aux habitudes et à la mentalité des utopiens. Le conseil a donc décidé de faire évoluer les lois réglementant le déplacement des individus sur l'île. Mais pour certaines catégories de personne, par exemple les techniciens, les médecins, etc., leurs lieux de vie sur l'île est toujours décidé par le conseil d'Utopie, cela pour éviter que certaines régions soient privées de certaines compétences.

L'aubergiste s'approcha de nous et affamé par le trajet je commandais un grand repas. Ogygès bien que probablement aussi affamé que moi ne commanda qu'un repas frugal. Puis il poursuivit ses explications.

– Je vais capitaine vous expliquer comment la chose c'est passé, cela vous montrera la différence entre l'Utopie et les autres nations, et la différence entre l'Utopie ancienne et actuelle. Vous savez capitaine que l'homme est un être d'habitude et de routine rassurante. Même si lui même n'en a pas conscience en général. Un homme hésite souvent à changer d'habitude pour la nouveauté. Et cela peut se comprendre, car souvent la nouveauté est inconnue et l'homme n'aime pas l'inconnu. Et ce dans tous les domaines de sa vie. Peu importe d'ailleurs l'origine de ses habitudes. Celles-ci à force d'êtres pratiqués deviennent un conditionnement difficile à surpasser. Il en va de même des peuples, car les peuples sont évidemment composés d'individus. Un homme se crée petit à petit des habitudes ou les hérite de ses parents. Il y a les habitudes individuelles, c'est-à-dire propres à chaque individu, et les habitudes collectives, par exemple celles du travail ou du groupe auquel un homme appartient. Un homme pense d'ailleurs toujours que ses habitudes sont les meilleures. C'est la même chose comme je vous l'ai déjà dit sur les coutumes des peuples. Un individu accepte d'autant moins le changement quand celui-ci lui est imposé, par un autre individu, une institution ou bien un état. Un homme en général n'aime pas recevoir des ordres ou des directives. Il est donc difficile pour un gouvernement d'introduire dans le pays des nouveautés extraordinaires. Pour introduire des nouveautés, un gouvernement de n'importe quel pays du monde ne possède en fait qu'une seule méthode. Et cette méthode c'est la force. La force par l'intermédiaire de la loi. Car en vérité vous le savez capitaine, la loi n'est que la force, la force des hommes ou du parti au pouvoir, travesti sous les vêtements de la légitimité. Si les changements sont petits ou bien s'ils ne concernent qu'une petite partie de la population, par exemple une nouvelle réglementation commerciale, le gouvernement n'a qu'à édicter des lois pour la faire appliquer. Les agents du gouvernent feront connaître la loi dans tout le pays et ensuite les personnels de l'administration veilleront à sont application. Les forces de l'ordre aidées des tribunaux veilleront à punir les hors-la-loi. Mais si ces changements sont fondamentaux, s'ils concernent toute la population et s'ils touchent à l'essence même de la civilisation, ou à des habitudes fortement ancrées dans le peuple depuis des générations, leurs applications seront beaucoup plus difficiles est compliqués. L'étendue du pays, le nombre de la population s'ils sont élevés rendront la chose encore plus difficile. Le gouvernement procédera comme dans le cas de l'exemple précèdent. Il édictera des lois et demandera à ces agents de la faire connaître à tout le peuple. Une partie du peuple, celle qui en tirera un avantage, adoptera probablement assez rapidement la nouvelle loi. Mais une autre partie mettra plus de temps pour l'adopter, et une minorité ne l'adoptera jamais. Il faudra attendre que cette minorité disparaisse d'une manière naturelle ou non pour que le changement soit définitivement adopté. Dans tous les cas ce temps d'adaptation sera d'autant plus long que le changement sera important. Aussi comme en Utopie nous avons pleine conscience de cela, nous utilisons bien sûr une autre méthode. Plutôt que d'imposer au peuple des lois nouvelles, nous faisant en sorte que ce soit le peuple qui les réclame. Comme cette opération prend beaucoup de temps, nous ne faisons cela que pour les lois provoquant un grand changement bien sûr.

Je l'interrogeais.
– Parfois une loi peut être perçue par un peuple comme une atteinte à sa liberté. Alors comment donc pouvez-vous faire cela ? Comment forcer toute une population à réclamer une loi, surtout si elle provoque un grand changement ?

– Mon cher capitaine cela est finalement assez simple, et ne demande que du temps, un peu d'habilité et une parfaite connaissance de l'esprit des foules. Ou plutôt de la psychologie des foules, car les masses n'ont pas vraiment d'esprit. Voici comment nous procédons. Nous commençons par envoyer dans les provinces et districts des hommes, peu nombreux, mais intelligents et de grand talent oratoire. Il faut qu'ils soient suffisamment nombreux pour aller partout dans le pays et suffisamment peu pour se noyer dans la masse du peuple utopien. Ces hommes sont très bien instruits de leur mission. Nous nommons ces hommes des « Agents de propagande », car ils sont chargés de propager les idées du gouvernement. Ces hommes se déplacent partout sur l'île comme le feraient n'importe quel autre voyageur, ils vont de ferme en ferme ou d'ateliers en ateliers, comme n'importe quel paysan ou travailleur. Maintenant ils s'arrêtent aussi dans les auberges bien sûr. A chaque arrêt, pendant les repas ou le travail, à chaque occasion ils parlent aux gens qu'ils rencontrent. Ils parlent du sujet concernant les nouvelles lois futures prévues par le conseil d'Utopie. Ils ne parlent pas des lois, seulement du sujet, ils n'essaient pas non plus de convaincre les gens d'adopter tel ou tel changement. Ils en parlent sans en avoir l'air, comme une conversation banale. Mais ils en parlent le plus souvent possible, à chaque occasion, et si les circonstances le permettent à plusieurs reprises aux mêmes personnes. Cela permet de faire en sorte que les conversations et donc leurs sujets ne soient pas oubliés par leurs interlocuteurs. Les agents choisissent aussi si possible les personnes les plus influentes du lieu ou ils se trouvent. Ces hommes et femmes d'influences en parlant aux personnes de leurs entourages renforceront inconsciemment l'impact de la propagande. Un homme a naturellement tendance à imiter les personnes d'influences ou celles pour lesquelles il a du respect. Ces hommes parcourent ainsi tout le pays. Puis ils rentrent à Amaurote. Ensuite nous les renvoyions. Bien entendu nous ne renvoyons pas les mêmes aux mêmes endroits. Et cette fois-ci en plus de parler ces hommes doivent aussi écouter. Ils doivent évaluer l'effet produit par leur premier passage à travers tout le pays. Puis ils rentrent faire leurs rapports et repartent de nouveau. Cela recommence autant de fois que c'est nécessaire, parfois sur plusieurs années. Un grand changement nécessite du temps et doit parfois se prévoir de longues années en avances. Gouverner c'est prévoir. Une fois que le sujet est connu de tous, hommes et femmes, nous envoyons de nouveau partout ces hommes avec cette fois l'instruction de parler des lois futures. Au début ils en parlent comme d'une hypothèse bien sûr, sans en avoir l'air dans les conversations du quotidien. Par exemple ils disent que s'il y avait telle ou telle loi cela serait bien, cela serait utile pour tel ou tel sujet, le sujet dont les agents ont parlé dans leurs premiers voyage à travers l'île. Cette opération aussi peut être répétée plusieurs fois si cela est nécessaire. Bien entendu nous utilisons aussi les journaux et livres publiés dans l'île. Les agents de propagandes écrivent des articles sur le sujet qui nous intéresse, au début quelques lignes dans des articles anodins puis de plus en plus d'articles et de plus en plus précis. L'idéal serait un moyen de communication instantané et touchant tous les foyers de l'île chaque jour, et à chaque instant, mais cela n'existe pas encore, hélas. Un jour qui sait ce que la science et la technique pourront mettre comme instrument de communication, c'est-à-dire de propagande donc, dans les mains des dirigeants des nations. Propagande qui pourra hélas devenir manipulation dans les mains de mauvais dirigeants. Ainsi au bout d'un certain temps, la totalité de la population de l'île est non seulement au courant du sujet, mais aussi des lois qui lui correspondraient. En utilisant les mêmes méthodes, nous renforçons cet effet de propagande en dénigrant par avance les lois et les arguments contraires que l'on pourrait opposer et aussi les individus ou groupes de personnes qui pourraient porter ces lois contraires. Et vous pouvez être sur mon cher capitaine Harrison que lors de la prochaine désignation des élus, ce sont ceux qui ont l'intention de mettre en place ces lois qui seront choisies par le peuple. Et s'il n'y a pas d'élections, le peuple fera sûrement pression sur le conseil de l'île pour qu'il adopte ces lois. Nous avons fait cela plusieurs fois au cours de l'histoire de l'Utopie et cela à toujours immanquablement fonctionner, vous pouvez me croire mon cher capitaine Harrison.

Fâché par son propos je l'interrogeais.
– Mais n'est ce pas la Ogygès comme vous le redoutez de la manipulation ? Même dans les royautés les plus dures, le souverain impose les lois, mais ne manipule pas le peuple de cette manière. Votre façon de procéder n'est-elle pas une atteinte permanente à la liberté des peuples de choisir son propre destin ?

– Oui on peut appeler ça manipulation. Mais c'est pour la bonne cause capitaine. Il faut parfois imposer au peuple des lois auxquelles il n'aurait pas pensé naturellement ou bien qu'il aurait eu du mal à accepter s'il avait l'impression quelles étaient imposées par le gouvernement. Le peuple accepte plus facilement les lois, ou adopte plus volontiers de nouvelles habitudes s'il pense en être l'instigateur, souverainement l'instigateur bien sûr. Et puis n'oubliez pas capitaine que les peuples sont faillibles, car composés d'individus faibles. La faiblesse humaine étant comme je vous l'ai dit le fait de toujours choisir un intérêt ou un gain immédiat à un intérêt ou un gain à long terme, il n'est pas sur qu'un peuple accepte une loi dont les effets se feront seulement sentir à long terme ou très long terme.

Je l'interrogeais de nouveau.
– Mais dites-moi Ogygès, le peuple d'Utopie a-t-il conscience que son gouvernement pourtant démocratique utilise de telles méthodes ? N'y a-t-il jamais eu de révoltes contre cette manière de procéder ?

– Non bien sûr car personne au gouvernement ou parmi les agents de propagande n'en parlent jamais. Même bien sûr parmi les anciens dirigeants ou agents de ces méthodes. Donc le peuple ignore tout à fait l'existence de ces méthodes capitaine. Il ne se rend compte jamais de rien. N'oubliez pas que la majorité d'un peuple appartient à la catégorie des amorphes, et cela même en Utopie. Même si le peuple était au courant il n'est pas du tout certain que cela le ferait réagir contre ces méthodes, ou contre le gouvernement.

– Mais pourquoi pensez-vous Ogygès qu'il n'y aurait pas de réactions parmi le peuple de l'île ?

– Tout simplement mon capitaine parce que les peuples comme les hommes se croient et se pensent plus intelligents qu'ils ne le sont vraiment. Comme un individu a du mal à reconnaître ses fautes et ses erreurs, un peuple aurait du mal à admettre s'être laissé manipuler. En fait même si certains membres du peuple plus intelligents ou plus attentifs que les autres se rendaient compte que cette méthode est employée par le gouvernement, ils ne seraient sûrement pas assez nombreux pour avoir une influence contraire. Ils ne seraient sûrement probablement même pas crus par la masse des autres. Surtout dans une démocratie où le peuple est habitué à croire qu'il est souverain et à avoir confiance dans ses dirigeants et ses institutions. D'ailleurs si un membre actif ou ancien du gouvernement parlait de ses méthodes, il serait immédiatement dénigré par tous les autres membres du corps dirigeant. Nous le ferions passer pour fou ou sénile. Dans une dictature, ou un royaume, le peuple admettrait plus facilement d'avoir été manipulé par son dirigeant. Mais dans une dictature cette méthode de manipulation et de propagande serait parfaitement inutile. Le souverain ou le dictateur n'aurait en effet qu'a imposé la nouvelle loi par la force.

– Donc vous voulez dire Ogygès que cette méthode n'est utilisée seulement que dans les démocraties ?

– Oui capitaine, en tous cas c'est comme cela que ça ce passe parfois, assez rarement en fait, sur l'île d'Utopie, car nous somme paradoxalement une vraie démocratie. Ailleurs dans le monde il y a en fait à notre époque peu de républiques ou de démocraties. Même en Europe la république de Venise par exemple n'est pas réellement une démocratie. C'est plutôt une ploutocratie. Si l'Utopie était une dictature ou un bien encore un royaume comme à l'époque du roi Utopus, nous n'aurions pas besoin d'utiliser ces méthodes de propagandes et de manipulations. L'essentiel est d'avoir un gouvernement suffisamment sage pour savoir quand utiliser cette façon de faire ou bien quand faire directement confiance à la sagesse du peuple pour voter les lois. Il faut aussi un gouvernement ayant vraiment en vue le bien du peuple et de la nation, et rien d'autre. Cela dépend aussi de la qualité du peuple, surtout de son éducation et de son implication dans la vie politique de la nation.

–

Livre cinquième

Notre repas était terminé, la salle à manger de l'auberge était déjà presque vide. Mon compagnon et moi même après avoir payé l'aubergiste montâmes dans notre chambre pour y passer la nuit. Les paroles qu'Ogygès prononça sur la manipulation des peuples dans les démocraties tournèrent dans ma tête toute la nuit et me tinrent éveillé. Je me demandais alors si comme moi vivre dans un royaume et donc n'être pas tout à fais un citoyen libre membre du peuple souverain, mais un simple sujet n'était pas en fait paradoxalement une si mauvaise chose que cela. Mais bien sûr tout dépend de la qualité du souverain. J'avoue qu'au matin le réveil fut difficile pour moi. Après un rapide petit déjeuner Ogygès et moi reprîmes sur notre petite charrette le chemin vers Amaurote la fameuse capitale de l'Utopie. Un très court trajet nous séparait encore de celle-ci. Tout le long de la route de chaque côté s'étendaient des champs parfaitement cultivés. De ci de la des maisons isolées ou des villages à l'urbanisme parfaitement ordonné parsemaient la plaine. La route sur laquelle nous roulions était en parfait état. Je n'avais jamais rien vu de tel dans aucun autre de mes voyages. Je fis part de mon admiration pour cette organisation à mon compagnon de voyage. Et je lui fis remarquer que la journée précédente, pendant notre trajet alors que nous étions encore proches du port d'Orphaleze, les champs traversés étaient moins bien entretenus et les villages moins biens organisés.

—   Vous constaterez capitaine que lorsque nous approcherons du capital les champs et les routes seront aussi bien moins entretenus qu'ici en pleine campagne. Avant sur la totalité de l'île tous les champs étaient bien cultivés, les villages bien entretenus et bien organisés. Avant d'ailleurs on peut dire que sur l'île d'Utopie tout était bien mieux. Mais je vous ai dit que nous avons subi l'influence d'autres nations, des nations bien moins organisées et civilisées que la nôtre. Cette influence s'est faite par l'intermédiaire des populations étrangères présentes chez nous. Cette influence est entrée petit à petit, je dirais même insidieusement, dans le pays d'abord naturellement par les ports puis ensuite dans les grandes villes ou les étrangers étaient, et sont toujours les plus nombreux. Dans tous les pays du monde, les étrangers s'installent en priorité et presque en totalité dans les villes. Dans toutes les nations du monde, les villes ont une influence sur les campagnes et villages de leur environnement immédiat. Et comme il y a toujours une différence, de par leurs travaux et de leurs styles de vie, entre citadins et paysans, les campagnes proches des villes étaient par conséquent un peu différentes de celles plus éloignées. Même si en Utopie la différence entre citadins et paysans était beaucoup moins grande que dans les autres pays, car chez nous les citadins devaient régulièrement aller travailler dans les champs grâce à un ingénieux système de roulement. Donc quand la mentalité des citadins influencée par les communautés étrangères a changé, elle a naturellement influencé les campagnes environnantes proches des cités. C'est pourquoi capitaine vous constatez aujourd'hui cette différence de qualité entres les campagnes proches des villes et celles qui en sont éloignées comme celles que nous traversons actuellement. Les citadins dans tous les pays du monde se pensent en général supérieurs aux paysans parce qu'ils ne travaillent pas la terre. Les citadins dans vos nations oublient que les paysans les nourrissent. Cela créer donc toujours une tension et une sorte de rivalité entre ces deux catégories d'habitants. Lorsque la population est homogène cette tension est atténuée par le fait que certains citadins vont vivre à la campagne et que certains paysans vont s'installer en ville. Tous les paysans ont des parents dans les villes et inversement. Au contraire, le plus souvent les étrangers comme ils sont essentiellement des citadins n'ont pas de contact ou presque avec les campagnards. Ils n'ont d'ailleurs aucun intérêt pour les campagnes, car ils n'y trouvent rien d'utile à leur communauté. Il y a au fur et à mesure de l'augmentation du nombre d'étrangers présents dans les villes une plus grande différence de mentalité et de style de vie entre citadins et campagnards. Plus le temps passe et plus cet état de fait s'amplifie, à terme il sera peut-être irréversible. Tout cela naturellement affaiblit dangereusement l'homogénéité du peuple. Et quand l'homogénéité est affaiblie, les tensions augmentent naturellement. Cela est une très mauvaise chose pour notre pays, et pour tous pays en général. Pour augmenter la cohésion du peuple et par souci d'égalité notre sage souverain Utopus avait aussi instauré en plus du roulement à la campagne, que dans les villes d'Utopie tous les dix ans les habitants devaient changer de lieux d'habitations. Cela permet de faire tourner la population au sein de la cité et éviter ainsi que ce soit toujours les mêmes familles qui bénéficient des meilleures places. Cela évite les jalousies entre familles et ainsi les tensions qui en découlent. Cela permet aussi de créer plus de liens entre les habitants de la cité, car ainsi un citoyen est amené à connaître plus de monde que s'il passait toute sa vie dans le même quartier avec toujours les mêmes voisins. Les étrangers présents chez nous ont toujours refusé de se soumettre à ce principe de roulement urbain, car cela n'existait pas chez eux. Une famille étrangère ne l'acceptait seulement que lorsqu'elle allait bénéficier d'une meilleure place dans la ville. Bien sûr les autochtones ont trouvé cela particulièrement injuste et cela se conçoit. L'idéal pour régler ce problème de non-cohésion entre les étrangers citadins et les autochtones, et cela est une des propositions que je vais faire au conseil de l'Utopie, serait que ce roulement de population se fasse aussi entre citadins étrangers et paysans autochtones et que les étrangers refusant ce système de roulement à la campagne ou de roulement intra urbain soient immédiatement et définitivement expulser de l'ile. L'expulsion sera probablement difficile, car les étrangers sont désormais très nombreux. Mais il n'est pas sur que le conseil de l'île approuve mon idée, car celui-ci a pris l'habitude, la détestable habitude, d'agir avec trop de tolérance vis a vis des populations étrangères. Et comme je vous ai déjà dit capitaine l'homme est un être d'habitude. Il n'en change que dans la certitude d'une amélioration de sa vie ou de ses conditions de travail, pas pour des raisons politiques ou collectivistes. Car l'homme favorise le plus souvent ses intérêts particuliers aux dépens des intérêts collectifs. Cela vient du fait que les intérêts collectifs sont généralement des intérêts à long terme. Parfois ses intérêts s'étendent sur plusieurs générations. Les intérêts particuliers sont au contraire courts, ou étendus sur la durée d'une vie. Un homme vous le savez, car je vous l'ai expliqué choisit toujours un intérêt ou un bénéfice ou bien un plaisir immédiat à un autre à plus long terme. C'est cela sa faiblesse. Cet homme fut cette t-il un membre du conseil de l'Utopie s'il a un intérêt personnel ou immédiat à rester trop tolérant avec les citoyens indisciplinés, choisira son intérêt et non pas celui de sa nation.

Livre sixième

Après quelques heures de route sur notre charrette, nous arrivâmes à Amaurote. Comme toutes les autres cités de l'île d'Utopie dont elle était le modèle, celle-ci était parfaitement organisée. Mais elle possédait aussi des nouveaux quartiers, si on peut appeler ça des quartiers, situés en dehors des remparts et construits sans organisation. Ogygès m'invita à loger chez lui. Il me présenta sa famille, sur laquelle par discrétion je ne dirais rien. Je restais deux journées dans la capitale. Bien que Ogygès s'absenta à plusieurs reprises pour aller faire son rapport au conseil de l'île et pour ses affaires privées, je pus avoir avec lui lors de nos promenades dans la ville quelques conversations dont je ferais ici par souci de simplification un récit condensé.

– Dites-moi Ogygès, toutes les cités de l'île ont le même schéma et sont toutes très bien organisées. Utopus a vraiment fait de la bonne gouvernance, mais comment se fait il qu'il y ait des quartiers habitations en dehors des remparts, comme d'ailleurs dans la citée portuaire ou nous avons accosté ? Raphaël Hythloday n'en parle pas.

– Capitaine, il n'en parle pas, car à son époque ces quartiers n'existaient pas encore. Les premières maisons ont été construites par les étrangers qui refusaient de participer au roulement du changement de lieux d'habitations à l'intérieure de la ville. Bien entendu les premières maisons construites ont été détruites par le conseil de l'île et leurs constructeurs chassés de l'Utopie. Mais plus tard ils furent plus nombreux encore à construire des maisons à l'extérieur des remparts de la ville et surtout ils furent rejoints et imités par des utopiens. Aux débuts ces utopiens étaient surtout des îliens ayant vécu pour un temps à l'étranger et donc ayant pris les mauvaises habitudes d'indisciplines et d'égoïsmes des autres peuples. Bien sûr le sénat de l'île décida de détruire aussi ces maisons. Mais il y avait parmi les membres du sénat des hommes ayant eux aussi vécu

74

à l'étranger. Ces hommes pour lesquels vous pensez bien capitaine j'ai le plus grand mépris, ralentirent tellement le travail du sénat que lorsque les décisions de nouvelles destructions furent prises il était trop tard. Je veux dire que le nombre des maisons était devenu si important que leurs destructions auraient posé des problèmes insurmontables aux autorités. Et bien sûr beaucoup plus d'Utopiens encore construisirent eux aussi des maisons à l'extérieur des remparts, car ils trouvaient injuste que les étrangers aient, de fait, le droit de le faire, et pas eux. Plus tard bien sûr les autres cités de l'île suivirent naturellement l'exemple de la capitale.

– Vous dites que certains sénateurs ont volontairement fait obstruction aux décisions du sénat, mais je pensais votre gouvernement à l'abri de telles pratiques ?

– Voyez-vous capitaine, cela est un des problèmes fondamentaux des nations. Pouvoir conserver en permanence et dans la durée un peuple de citoyens et des dirigeants de qualité. Les dirigeants étant issu du peuple, si au cours de l'histoire de la nation il y a une période, même très courte, pendant laquelle le peuple s'affaiblit dans son moral sa discipline et son patriotisme, les dirigeants choisit à ce moment la seront eux aussi de fait faibles et immorales. Parfois le peuple est toujours de qualité, mais quelques dirigeants de mauvaises valeurs morales ou intellectuelles arrivent au pouvoir par accident ou par hasard. Parfois ce sont des comploteurs qui ont décidé de s'emparer des leviers de l'état pour les utiliser à leurs profits ou au profit d'organisations discrètes voir secretes. Dans tous les cas ils seront tentés d'abuser de leur pouvoir et de leurs positions. Et comme les dirigeants donnent l'exemple au peuple, la qualité du peuple diminuera. Et de fait par conséquent les futurs chefs issus de ce peuple affaibli seront mauvais. Cela est un cercle vicieux, un serpent qui se mord la queue et s'empoisonne lui même. Lorsqu'une nation arrive à ce stade, la décadence est proche. Bien entendu capitaine nous parlions des constructions situées à l'extérieur des remparts, mais hélas les mauvaises actions d'un gouvernement s'appliquent dans tous les domaines d'un état. Pour inverser une telle situation, il faut que vienne au pouvoir un chef honnête, efficace et fort à tous points de vue. Mais bien sûr dans une telle situation les mauvais hommes au pouvoir feront tout pour empêcher la venue à la direction de l'état d'un homme qui les chassera. Ils essayeront surtout de manipuler le peuple en lui faisant croire qu'ils agissent pour son bien, et dénigrerons de toutes les manières possibles leurs adversaires. Cela implique que la meilleure manière pour une nation de s'assurer que les hommes au gouvernement soit en permanence de qualités et patriotes, c'est la mise en place d'une société secrète qui y vieille. Hélas l'Utopie de par ses institutions et son histoire n'a jamais mis en place une telle société secrète.

Après ces deux journées, je fis mes adieux à cette cité formidable qu'est Amaurote ainsi qu'à la famille d'Ogygès. Celui-ci d'ailleurs me dit qu'il me rejoindrait au port avant mon départ.

Livre septième

Le soleil se levait sur le port d'Orphaleze éclairant de ses doigts roses les activités naissantes des hommes d'Utopie. C'était je le savais la dernière aube que je voyais sur cette île. Tous les ports du monde se ressemblent le matin, seule la langue que l'on y parle change, un marin n'y est jamais dépaysé, les navires de transports et de guerres partent tandis que ceux des pécheurs rentrent. Certains hommes de par leur métier ont au sein de la même nation des vies décalées, ils forment en quelques sortent des clans à part. Qui sait si après tout une nation n'est pas simplement une union de clans ou de populations variées décidant coûte que coûte de vivre ensemble. Mais pour que cela fonctionne, il faut que tous aient une volonté commune et le maximum de points communs. Pendant que mon navire se détachait du quai, lentement tracté par une pilotine, Ogygès qui venait d'arriver à mon bord me rejoignit à la timonerie après s'être promené sur le pont et avoir salué chaque membre de l'équipage d'un mot ou d'un geste. Il était de nouveau à mon bord, car il souhaitait être déposé sur l'île prison de Palianisi située dans la mer intérieure. J'avais accepté naturellement, car cela me permettait de poursuivre ma conversation avec lui.

– Me direz-vous Ogygès pour quelle raison je dois vous déposer sur l'île prison ?

– Capitaine il s'agit la d'une décision du sénat de l'île.

– Mais pourquoi votre sénat a-t-il pris une telle décision ? Cela est incompréhensible.

– Cher Harrison les nations ne sont pas faites pour les arbres, les pierres ou les animaux, mais pour les hommes. Quel que soit le système d'organisation politique et administratif d'une nation ou d'un pays, si les gens du peuple ne sont pas intelligents et honorables ils chercheront à profiter et abuser de ce système et par conséquent amplifieront ses défauts et amoindriront ses qualités. Dans le cas contraire, c'est-à-dire si les gens sont intelligents et conscients de leurs devoirs, alors, chacun son niveau essayera au quotidien de faire en sorte que le système fonctionne bien. Donc les défauts du système seront compensés par l'addition de toutes les actions positives individuelles. L'important est vraiment la qualité du peuple le peuple est l'addition d'une multitude d'individualités. Chaque individualité doit être parfaite, où tendre vers la perfection. Vous rappelez vous ce que je vous ai dit aussi sur la qualité des dirigeants, et de l'influence que ceux-ci ont sur le peuple ?

– Oui Ogygès je m'en souviens et je trouve ce que vous m'aviez expliqué parfaitement juste et vraie.

– Lorsque je suis parti, avec d'autres philosophes, pour ma très longue mission, d'étude, les dirigeants de l'Utopie étaient différents de ceux d'aujourd'hui. Les individualités qui composent le gouvernement actuel de l'île sont loin de la perfection nécessaire à leurs fonctions. Je leur ai dit pour conclure mon rapport auprès d'eux qu'« Un homme, au sens noble du terme, doit pouvoir trouver en lui la force de changer pour changer sa vie et l'améliorer. De même un gouvernement doit aussi savoir changer de tout au tout si cela est nécessaire, en commence par ses membres ! » Vous imaginez bien mon cher capitaine ce que ces hommes, ces individualités de mauvaise qualité ont pensé de ma conclusion.

– Oui Ogygès je peux imaginer qu'un homme ne veuille volontairement laisser son pouvoir et ses privilèges. J'ai toujours constaté en fait que la préoccupation principale des hommes de pouvoir est d'augmenter celui et de le faire durer le plus longtemps possible.

– Ces hommes ont bien sûr préféré les conclusions présentes dans les rapports de mes collègues philosophes. Donc voilà pourquoi je dois me rendre sur l'île prison. Nul n'est prophète en son pays. Mais j'ai bon espoir que l'histoire me donnera raison, sauf si les historiens du futur de mon pays sont eux aussi des individualités de mauvaise qualité. Contrôler les écrits les archives d'un pays c'est contrôler son passé, et donc décider de son avenir. Un peuple d'ignorants et un peuple d'esclaves qui s'ignorent esclaves.

Lors de notre court voyage vers l'île prison de Palianisi, j'eus avec Ogygès plusieurs longues conversations sur cent sujets variés, mais aucunes ne porta sur la politique, la philosophie, la nature humaine ou l'organisation de nations. Sans doute mon ami voulait-il se reposer l'esprit après toutes ses années de réflexions et de recherches. Un vrai honnête homme a le droit de se reposer l'esprit, car un honnête homme se doit d'avoir un esprit pour penser et réfléchir en permanence. Seuls les animaux ne pensent pas.
En quittant l'Utopie pour toujours j'emmenais avec moi quelques roses provenant du jardin Ogygès et que sa femme m'avait offert. Naturellement je les plantais à mon retour dans mon jardin. Elles ont poussé depuis.

FIN